KB253552

1분 자기경영

1분 자기경영

초판인쇄 2008년 10월 15일
초판발행 2008년 10월 20일
지은이 김익수
펴낸이 한익수
펴낸곳 도서출판 큰나무
등록 1993년 11월 30일(제5-396호)
주소 120-837 서울시 서대문구 충정로3가 3-95 2층
전화 (02) 365-1845~6
팩스 (02) 365-1847
이메일 btreepub@chol.com
홈페이지 www.bigtreepub.co.kr

값 13,000원
ISBN 978-89-7891-251-8 03320
값8,000원

1분 자기경영

1%의 노력이 인생을 바꾼다

김익수 지음

부족한 식견으로, 또 한 권의 책을 냈다.

세상에 무언가를 글로 풀어낸다는 것은 고통이다. 그것은 자신을 드러내는 것이며, 알몸이 되는 부끄러움을 자처하는 것이다. 따지고 보면 이미 세월을 살고 간 무수히 많은 선인이 그 찬란한 언어로 표현해낸 세상의 이치를 다시금 강조할 이유가 무에 있는가 싶다. 그럼에도 이렇게 또 책을 내는 이유는 알량한 지식을 핑계로 세상과 소통을 하고 싶기 때문일 것이다.

늘 그렇지만, 불현듯 글감들이 스쳐 지나갈 때마다 그것들을 붙잡아 매느라 곤혹을 치른다. 막 잠이 들려고 하는 즈음에 이런 글감들이 떠오르면 참 난감하다. 하지만, 글감을 잡기 위해, 잠의 유혹을 뿌리치고 한밤중에 노트북 앞에 앉는 일은 글쟁이에겐 행복이다. 아침이면 사라지고 없을 천금 같은 아이디어와 밤새도록 씨름할 수 있으니까. 이 책은 이런 지난 몇 년간의 '불면의 밤'을 모은 것이다.

나는 세상은 지식이 아니라 지혜로 사는 것이라 생각한다. 높은 통찰력과 창의력, 상상력, 직감력, 신뢰에 대한 마인드, 관계와 관심의 키워드, 처세, 열정, 집중력, 배려, 인내, 도전정신, 의사소통 능력, 프로의식, 상식에 대한 올바른 기준, 성공에 대한 자기 확신 등등…. 이런 것들은 학교에서 가르쳐주지 않는다. 암기로 체득할 수 없지만 탁

월한 경쟁력이 되는 것, 나는 이런 것들이 조직과 인간의 성공에 정말
로 필요한 요건이라고 생각한다.

　이 책의 모든 내용은 이런 키워드들로 채워져 있다. 세부적으로는 1
부에서 조직과 조직의 보스가 새겨둘 만한 내용을, 2부에서는 오감 비
즈니스, 감성역량, 커뮤니케이션, 팀워크, 고정관념, 혁신, 신뢰, 동료
애, 좋은 인재의 조건 등 1부의 내용을 좀 더 세부적으로 나눈 글들을
담았다. 3부에서는 열정 깨우기, 도전정신, 프로의식, 자기 브랜드 관
리, 관계관리, 마음 다스리기, 행복, 희망, 긍정의 마인드 등 자기계발
과 관련한 글들을 수록했다. 기업과 비즈니스에 관한 이야기지만, 그
것을 움직이는 것은 결국 사람이므로 그들의 내면을 자극하고 싶었다.

　성공은 자간과 행간의 의미를 파악하고, 그것을 체득화한 사람이 쟁
취한다. 그런 사람들은 오늘 뒤처졌더라도 내일은 더 멀리 또 높게 날
아오를 수 있다. 자간과 행간의 그 '제3의 성공 역량' 들을 이 책에서
발견할 수 있게 되기를 기대해 마지않는다.

2008년 가을

김익수

차례 :

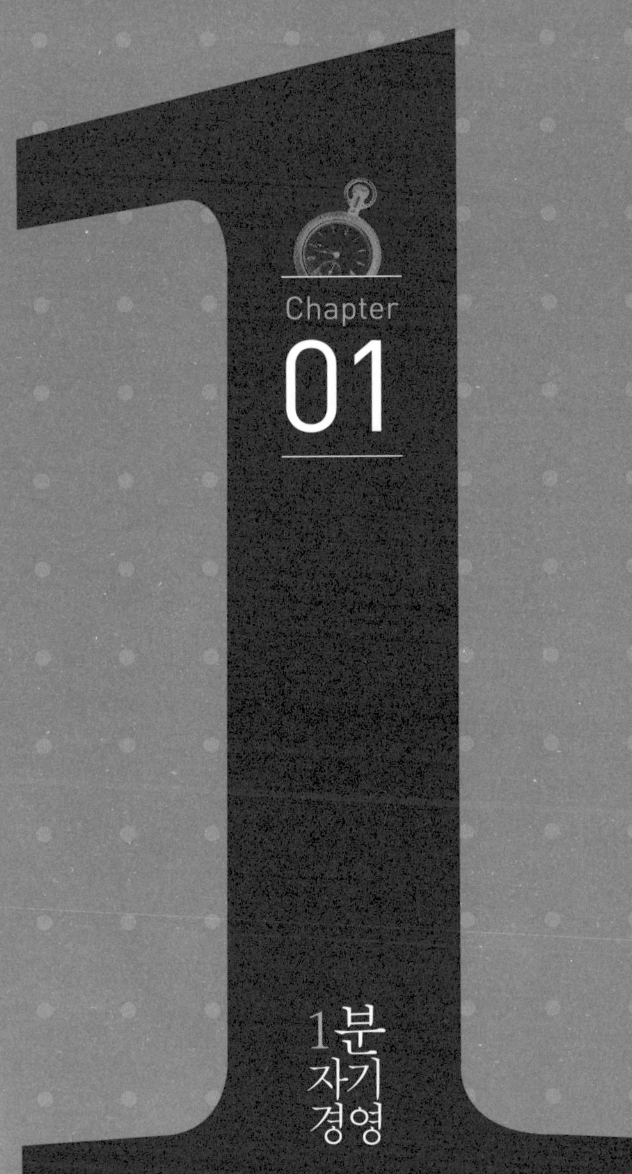

Chapter
01
1분
자기
경영

ONE MINUTE SELF MANAGEMENT

01 밸런스 경영 : 춤추듯이 경영하라

앨빈 토플러는 「부의 미래」에서 '변화' 와 '속도' 라는 두 가지 키워드를 제시했다. 변화의 시대, 속도를 내지 않으면 생존을 담보할 수 없다는 메시지가 요체다. 「부의 미래」는 기업이 100마일로 달린다고 정의했다. 그러나 속도만 잘 낸다고 해서 기업이 지속적인 성장을 할 수 있는 것은 아니다. 변화의 추세에 맞는 균형 성장을 추구해야 50년, 100년의 메가트렌드 성장도 의미가 있다.

70년대를 정점으로 우리 사회는 불도저 같은 공격 경영을 모토로 그야말로 앞만 보고 내달렸다. 그 결과 대한민국 號는 단기간에 준선진국 대열로 올라섰고 첨단 분야에서는 국제사회가 부러워하는 기술력을 갖추게 됐다. 생활은 풍요로워졌고 국민의 삶의 질도 비약적으로 발전했다. 하지만 우리 사회가 얼마나 균형 있는 성장을 꾀해 왔는가에 대해서는 물음표를 달지 않을 수 없다. 물질은 풍요로워졌지만 정신은 빈약하지 않은지, 양적 성장에 걸맞게 질적 성장도 자랑할 만한 수준에 있는지, 임직원에 대한 예우만큼 자본의 사회 환원과 기여에도 신경을 쓰고 있는지 곰곰이 따져봐야 한다.

경영은 이렇게 제반 요소에서 균형의 평균점을 찾는 데 목적이 있다. 매출에 비례해서 이익도 증가해야 견실한 기업이라는 소리를 듣는 것처럼 규모 있는 기업이라면 사익社益 못지않게 공익公益의 균형 감각이 필요하고, 윤리와 사회봉사에도 관심을 둬야 한다. 최근에는 글로벌 경영이 크게 강조되고 있는데 글로벌 못지않게 로컬화도 간과해서는 안 된다. 경영의 지휘자인 CEO도 이익을 내는 능력에서 한 발 더 나아가 리더십과 코칭, 동기부여, 감성, 정서 함양, 조화, 합리성, 도덕성 등에서 밸런스의 영양분을 골고루 섭취해야 한다. 'CEO의 자질'이 '기업의 자질'이라는 점을 새겨두어야 한다.

경영의 밸런스를 잘 맞추는 기업은 100년 역사를 자랑하는 미국계 제약회사 머크Merck, 한국에서는 MSD라는 명칭을 쓴다의 사례를 들지 않을 수 없다. 순환기와 호흡기 계통의 의약품으로 널리 알려진 머크사의 기업 핵심가치는 한 마디로 '균형성장'이다.

· 우리의 사업은 인류의 삶을 유지하고 개선하는 것이다.

· 우리는 윤리와 정직성에서 가장 높은 수준을 추구한다.

· 우리는 최고 수준의 과학적 우수성을 추구하며, 인간과 동물의
건강과 생활의 질을 개선하기 위한 연구에 전념한다.

· 우리는 이윤을 추구한다. 다만, 고객의 요구를 만족하게 하고
인류를 위한 일에서만 이윤을 기대한다.

· 우리는 최고를 향한 우리의 능력이 종업원들의 정직성, 지식,
상상력, 기술, 다양성, 팀워크에 달렸다고 인식하며, 이러한 요
인들을 가장 중시한다.

홈페이지에도 게시되어 있는 머크사의 핵심가치는 머크가 그만
큼 매우 높은 경지에 있다는 것을 알게 해준다. 이윤을 추구하지만,
고객의 만족과 인류를 위해서만 심지어 동물까지 포함해서 그것을 기대
한다고 하지 않은가. 머크의 핵심가치에 사람들이 감탄하는 이유는
핵심가치를 그냥 구호로만 삼지 않는다는 데 있다. 실제로 머크는
매우 높은 윤리 수준을 지키며 이를 실천하는 것으로 유명하다.

머크사 같은 기업들은 임직원의 일뿐만 아니라 그들의 건강과 여
가 등 '삶의 본질적인 부분' 에까지 회사가 더욱 적극적으로 간여
해야 한다는 생각을 하고 있다. 영국 기업 릴리Lilly도 이런 범주에

있는 기업이다. 이 회사는 임직원들에게 1개월에서 최장 1년까지 학업과 보육, 노인부양 등의 용도로 활용할 수 있는 'Career Break' 제도를 도입, 이직률을 절반 이상이나 줄였다. 직원들에게 '균형감 있는 일터'를 제공함으로써 더 큰 기대이익을 얻은 경우다. 재미있는 것은 이런 기업의 특징이 이 같은 시스템을 사회로까지 확대해 국가, 인류에 대한 기여로까지 그 범위를 넓혀나가고 있다는 점이다. 말 그대로 균형성장을 통해 '기업명성지수'를 글로벌하게 관리해 나가는 것이다. 이제 매출액만 큰 기업이 존경받는 시대는 지났다. 매출뿐만이 아니라 지속성장의 기반이 되는 기업윤리와 사회공헌활동, 사원복지제도, 높은 수준의 고객만족도, 지역을 융합하는 글로컬 경영 등 성장에 비례한 균형성장이 골고루 이루어져야 한다. 그러자면 먼저 기업 내에 균형성장을 저해할 심각한 '영양 불균형' 요소가 있지는 않은지 수시로 점검을 해야 한다.

잭 웰치 철학이
한 물 갔다고?

도전받는 잭 웰치의 경영철학

최근 포춘誌Fortune가 세계 최고의 경영자라는 찬사를 듣는 잭 웰치를 건드렸다. 그동안 '경영의 바이블'로 불리던 그의 경영 철학이 더는 통하지 않게 됐다고 조목조목 따지고 든 것이다.

잭 웰치는 가혹한 구조조정으로 '중성자탄'이라는 말을 듣긴 했지만, 한편으로는 '경영의 마술사'라는 찬사를 들을 정도로 탁월한 경영자였다. 그가 취임할 당시 GE의 시가총액은 불과 120억 달러였는데 2001년 후임자인 제프리 이멜트에게 회사를 넘길 때에는 시가총액이 무려 4,500억 달러에 달했다.

하지만, 포춘은 강력한 카리스마의 시대는 이미 갔고, '인재를 뽑아야 한다.' 라는 인재의 가치기준도 이제 '열정적인 사람을 뽑아야 한다.' 라는 것으로 바뀌었다고 꼬집었다. 아울러 대형화나 시장 1위 정책도 규모가 커지면 민첩성이 뒤떨어지고 틈새시장을 통한 이른바 블루오션 창출이 새로운 트렌드라는 점에서 한물갔다고 평가했다.

포춘의 지적은 기업경영에 관여하는 현대의 CEO들에게 상당 부분 공감을 받을 만하다고 생각된다. 직원들의 능력을 고취시키는 CEO 못지않게 그들의 열정과 영혼을 고취시키려는 CEO들이 늘고 있다는 점에서, 그리고 틈새시장에 진입하는 신종 기업에 의해 산업이 재편되고 있다는 점에서 분명히 눈길을 끄는 지적이라고 할 수 있다.

그러나 잭 웰치의 7가지 경영철학이 급변하는 현재의 경영 현실에 더는 맞지 않는다는 포춘의 지적은 결정적으로 설득력이 떨어진다. 강한 설득이 이루어지려면 누구나 인정할 수 있는 보편타당하고 강한 주장과 근거가 제시되어야 하는데 주장은 트렌드와 맞지만 이를 뒷받침하는 근거와 설득력이 떨어진다.

포춘의 논리 오류

우선 포춘의 논조가 틀렸다. 포춘이 지적한 대로 소위 '잘 나가는' 요즘 CEO들이 포춘의 7가지 지침을 따르고 있다는 것은 맞다고 하겠다. 하지만, 이 때문에 잭 웰치의 지침이 산업 전반에 걸쳐 오래된 규칙이 됐다고 콕 집어 말하기에는 부족함이 있다. 새로운 트렌드가 부는 것은 사실이지만, 그렇다고 해서 잭 웰치의 지침이 '버려야 할' 시기에 놓였다고 단정 짓기 어려울뿐더러, 경영철학은 업종과 리더의 성향에 따라 얼마든지 달리 적용될 수 있기 때문에 '버려야 할' 대상이라고 보는 것도 무리가 있는 것이다.

포춘은 또 잭 웰치의 지침과 자신들의 새로운 지침 7가지를 비교해가며 논리를 전개했는데, 이러한 비교·대조식 이야기 전개방식은 독자들을 흑백논리의 틀 안에서 사고하도록 유도하기 때문에 논리의 비약이 발생해도 독자들로부터 유리한 해석을 이끌어 낼 수 있다는 문제가 있다. 실제로 포춘의 7가지 새 원칙은 모두 '흑' 또는 '백' 으로 명확히 구분할 수 있는 것들이 아니었음에도 예를 들어 최고의 인재를 등용하라 VS 열정적인 사람을 고용하라 흑백논리를 통해 나름의 설득력을 이끌어냈다.

또 한 가지는 포춘이 '한물갔다.' 라고 거론한 잭 웰치의 지침 중 몇 가지는 이미 하버드 비즈니스리뷰가 제시한 것들인데 하버드 비즈니스리뷰는 GE의 능력위주 평가시스템에 대해 "이러한 평가시스템은 임직원들이 자신의 아이디어를 과감히 실천에 옮기지 못하게 하는 역효과를 불러올 수 있다."라는 식으로 평가했다. 그런데 이렇게 "~할 수 있다."라는 식의 접근은 역으로 "~하지 않을 수도 있다."라는 논리까지 안는 것이므로 모호한 구분이 된다. 따라서 토론의 대상은 될 수 있지만, 구분이 명확한 흑백논리의 대상으로 보기는 어렵다. 결국, 포춘은 명확하게 구분 지을 수 없는 내용을 흑백논리로 전개함으로써 일정부분 설득력을 높이는 효과를 봤다고 할 수 있다.

잭 웰치의 철학은 틀리지 않았다

각론으로 들어가서 포춘이 지적한 잭 웰치의 7가지 지침을 살펴봐도 칼로 무 베듯이 명백하게 '통한다.', '통하지 않는다.' 구분 지을 수 없는 것을 흑백논리로 구분 지었다는 것을 알 수 있다.

포춘이 지적한 잭 웰치의 지침 첫 번째는 '대형화'이다. 잭 웰치는 사업을 키워 시장을 장악해야 한다고 생각했는데 포춘은 덩치가 크면 민첩함이 떨어진다고 지적했다. 맞는 지적이다. 그러나 그렇다고 잭 웰치의 지침이 틀렸다고 보기도 어렵다. FTA 협상이 한창 진행 중인 우리나라만 보더라도 유통부문은 90년대 중반에 타결돼 시장이 개방됐지만, 현재 국내 유통시장은 거대 토종 할인점 이마트가 시장을 지켜내는 상황이다. 만약 이마트가 외국계 거대 유통점에 대응할 '덩치 경쟁'을 벌이지 않았다면 국내 유통시장은 '덩치 큰' 외국계 할인점에 잠식됐을지도 모를 일이다. 다른 분야로 눈을 돌려도 마찬가지다. 기업 간 대규모 '빅뱅'이 과거에 비해 훨씬 자주 일어나고 있고, 이 때문에 생존을 보장받는 기업이 많다.

‘시장의 선두주자가 되라.’ 가 아니라 ‘틈새시장을 뚫어야 한다.’ 라는 지적도 틀렸다고 할 수 없지만 맞는 말도 아니다. 어느 분야건 선두주자의 입지는 여전히 강력하다. 오히려 1위와 2위의 격차는 점점 더 벌어진 형국이다. 삼성이 그렇고 IT 분야의 네이버가 그렇다. 틈새 전략이 새 트렌드임에는 틀림없지만, 이는 첨예한 경쟁에서 살아남기 위한 방책이지 선두주자의 전략을 버릴 수 있는 대안은 아니다.

주주가치경영에 대한 웰치의 철학도 이젠 ‘고객이 왕’ 이라는 관점으로 바뀌어야 한다고 했는데 사실 고객이 왕인 시대는 A/S가 활기를 띠기 시작하던 80년대부터 주창됐다. 아울러 GE같은 거대 기업이 고객을 제쳐놓고 주주가치만 존중했다고 할 수는 없지 않은가. 관련해서 한 마디 덧붙이자면 근래에 CEO들은 외부고객이 아닌 내부고객을 더 중시하는 경향으로 바뀌고 있다.

포춘의 지적 중 가장 표피적으로 와 닿는 것은 바로 ‘인재’ 와 ‘능력’ 에 대한 부분이다. 최고의 인재와 능력 존중에 대한 잭 웰치의 지침은 열정적인 사람을 고용하는 것과 영혼을 중시하라는 것으로 바뀌어야 한다는 게 포춘의 지적인데, 사실 잭 웰치는 ‘가치’ 와 ‘능력’ 이라는 키워드를 동시에 존중했다. 그는 ‘가치 있는 사람’ 과 ‘능력 있는 사람’ 을 4가지로 구분해 능력은 떨어지지만, 가치 있는 사람에게 기회를 줘야 한다고 말하곤 했다. 따라서 가치를 따진 그가 동기부여의 최고의 키워드인 ‘열정’ 과 ‘영혼’ 의 키워드를 무시한 것처럼 평가절하하는 것은 실례가 된다.

'카리스마 CEO'가 아니라 '용기 있는 CEO'가 새로운 지침이라는 지적도 그렇다. CEO가 용기 있게 행동하는 것도 중요하지만, 카리스마 역시 필요한 코드다. 카리스마가 있다는 것은 뭔가 독창적인 사고패턴과 행동양식이 있다는 것인데 오히려 이런 개성 넘치는 CEO들에게서 미래의 사업 아이템이 나오는 게 아닌가 말이다.

결론적으로 포춘의 지적이 틀렸다고 볼 수는 없지만, 다양성의 시대에 관점을 이렇게 한 방향으로 몰고 가는 것은 좋지 않다고 말하고 싶다. 게다가 포춘의 관점을 여과 없이 그대로 소개하는 국내 언론의 태도도 모양새가 그리 좋지 않다. '웰치의 경영지침서를 찢어버려라.'라는 포춘의 헤드 카피는 독자들로 하여금 바디 카피를 읽게 하려고 자극적으로 쓰였다. 이것을 그대로 소개해 백만 불, 천만 불을 벌어들일 미래의 CEO들이 천금 같은 웰치의 경영지침서를 정말 찢어버린다면 그 책임은 누가 질 것인가.

03 보스의
4가지 점검 항목

리더가 된다는 것은 어려운 일이다. 가장 먼저 생각하고, 변화하고, 행동하는 자리가 CEO의 자리이다. 자신을 스스로 점검하는 덕목 4가지를 체크해 보자.

1. 관리자부터 변해야 한다

기업 간 합종연횡과 구조조정, 조직혁신, 디지털로의 시대변화, 세계를 향한 글로벌화…. 기업의 대·내외적인 환경 변화에 따라 조직에 몸담는 투명 봉투 생활자, 직장인들의 조직적응에도 변화의 바람이 불고 있다. 여기에 인당 생산성과 수익성을 높이려고 신바람 나는 일터, 창의적인 일터, 활기에 찬 일터를 주창하는 풍토가 일어 조직 내 리더 역할을 하는 관리자들의 인재상에 관심이 몰리고 있다.

기업의 분위기는 특정인에 의해 생동감 넘치고 활력적이게 되는 경우가 많다. 남다른 유머 기질을 지녔거나 창의력이 뛰어난 동료가 팀원으로 있다면 분명히 활기에 차 있을 것이다. 그런데 우리 사회는 상급자와 하급자 간의 직급 구조가 엄격한 편이어서 관리자 한 사람에 의해 조직 전체 분위기가 좋아지기도 하고, 나빠지기도 한다. 예컨대 상명하복의 풍토에 길들어 있는 관리자라면 부하직원의 장점인 창의력도 자칫 무기력하게 만들 수 있다.

이런 분위기에서는 누구든 나서서 제안하기를 꺼릴 것이고, 이렇게 되면 팀 전체의 생산성도 저하될 것이다. 따라서 관리자 자신의 변화 인식이 무엇보다 중요하다. 필요하다면 사실 '표정관리 학원'을 다녀서라도 변화를 꾀할 필요가 있다. 관리자의 변화는 팀 전체의 변화로 직결되기 때문이다.

2. 솔선수범은 만고의 진리다

전시에 가장 먼저 적진 속으로 뛰어드는 특수부대에는 공통된 특징이 있다. 고공낙하를 할 때, 상륙을 개시할 때, 적진에 뛰어들 때 항상 '상관이 먼저' 라는 점이다. '나를 따르라.' 라는 말은 위험을 무릅쓰고 적진 속으로 뛰어드는 특수부대 선임 상관처럼 항상 말보다 행동이 앞서야 한다는 점을 보여주고 있다. 리더가 모범을 보이지 않으면, 상황 변화를 먼저 주도하고 리드하지 않으면, 먼저 개방적이고 합리적으로 변화하지 않으면, 부하직원은 항상 반신반의의 눈초리로 리더를 쳐다볼 것이다.

그러나 모든 일에 관리자가 항상 먼저 '시범'을 보일 수는 없다. 복합적인 업무에 대한 책임과 권한을 가진 관리자가 실무에 치우쳐 시간을 빼앗긴다는 것은 결코 좋은 일이 아니다. 하지만, 나서는데 인색해서도 안 된다. 업무에 대한 책임감이 부족하거나 거부감을 느끼는 부하직원들에게는 먼저 밟고 지나간 관리자의 발자국이 자신감을 갖게 하는 큰 작용을 하기 때문이다.

3. 대화채널이 막히지 않았는지 확인하라

때때로 관리자는 연배의 선배나 친구처럼 부담 없이 어깨를 사원들에게 내어줄 수 있어야 한다. 그러려면 상사라고 해서 자신의 주장을 내세우기보다는 작은 의견이나 제안이라도 귀담아듣는 자세를 가져야 한다. 회의를 할 때도 브레인스토밍 등 합리적 회의기법을 통해 작은 아이디어도 놓치지 않으면서 대화의 단절이나 소외를 막을 필요가 있다.

본래 창의적인 아이디어란 엉뚱한 상상에 의해 커다란 성과물을 낳곤 한다. 부하직원들이 적극적으로 제안하고 의견을 개진하는

지, 관리자의 업무지시만 따라하는 스타일인지를 파악해 자신의 관리 스타일을 되돌아보고 대화채널이 막히지는 않았는지 체크할 필요가 있다.

4. 부하직원의 만족지수를 파악하라

한 조사에 따르면 퇴직자 중 30%가량은 퇴직이유에 대해 직장 상사와의 갈등을 원인으로 꼽았다고 한다. 반면 동료와의 갈등은 20% 정도로 상사와의 마찰이 상대적으로 높게 나타났다. 주목할 것은 부하직원과 잦은 마찰을 보이는 관리자들일수록 갈등의 요소를 제때에 풀어주지 못한다는 점이다. 인간관계에서는 작은 상처 부위일수록 치료를 빨리하지 않으면 상처가 점점 커진다. 하물며 개인적 감정을 뒤로해야 하는 기업에서는 두말할 필요가 없다.

또 한 가지는 관리자 자신부터 긍정적인 생각을 하고, 부하직원 개개인의 업무 만족도를 체크해 보라는 것이다. 대화를 통해서도 좋을 것이고, 객관적인 데이터를 활용해도 좋을 것이다. 분명한 것은 회식이나 대화를 자주 한다고 해서 부하직원의 만족도가 체크 되는 것은 아니라는 점이다. 주어진 업무가 부하직원의 적성이나 성향에 맞는지, 개개인의 장점을 살리지 못해 업무효율이 떨어지지는 않는지 적당한 문항을 두어 체크해보면 좋다.

　리더들은 이러한 체크를 하면서 자신이 혹 따돌림을 당하는 상사
는 아닌지, 조직의 활력을 저해하지는 않는지 함께 파악해 볼 필요
가 있다. 그리하여 관리자 자신부터 활기를 되찾는 노력을 해야 한
다. 조직에 신명을 불어넣는 것은 그다음의 일이다.

04 성공한 CEO들의 비전과 리더십

성공한 CEO들을 보면 한결같이 탁월한 비전과 리더십을 지녔다는 것을 알 수 있다. 이들이 탁월한 비전과 리더십으로 성공 가도를 달리는 것은 특별한 교육을 받은 탓일까? 아니면 타고난 성향 때문일까? 그 정답이 무엇이든 시대를 앞서간 CEO들의 면면은 충분히 본받을 만하고 매력적이다.

21세기 CEO의 리더십은 '비전제시'와 '통합능력'이 핵심이다. 성공한 리더들은 '직원들이 회사를 위해 열심히 일하는 동기는 봉급이 아니라 일에 대한 흥미, 미래에 대한 비전, 성취감'이라고 지적한다. 소프트뱅크의 손정의 회장은 "하이테크놀로지 회사는 유능한 인재가 생명인데 그들은 돈이 아니라 최고경영자의 비전을 보고 모여든다."라고 말한다.

　기업의 환경에 따라 최고경영자 리더십의 형태도 제각기 다르다. IBM의 왓슨 전 회장이 '인간경영'을 핵심으로 제시했다면, 월마트의 창업자 샘 월튼은 품질, 고객만족, 생산성 등 '전략요소의 경쟁력 강화'를 중시했다. 반면 정보산업계의 선두주자인 스티브 잡스나 빌 게이츠, 패션업계의 루치아노 베네통 등은 '차별성'을 주요 비전으로 내세운다.

　「최고경영자의 직언」이라는 책에는 성공한 CEO 33명의 어록과 경영철학이 담겨 있다. 세계 일류 기업의 최고경영자들은 어떤 생각을 하고 있을까. 이들이 직접 털어놓은 경영 마인드와 생활철학은 위기를 맞는 우리 기업의 CEO들에게 좋은 본보기가 될 것 같다. 33명의 CEO는 미국 굴지의 경영컨설팅 그룹인 프라이스워터하우스쿠퍼스의 엄선을 거친 스타 기업가들이다. 이들의 경영 스타일은 제각각이지만 놀라운 것은 공통점이 존재한다는 사실이다. 매사에 신중하면서도 필요한 순간에 과감히 결정을 내리는 결단력과 인적자원관리를 가장 소중히 생각한다는 점이 그것이다.

　덴마크를 대표하는 도자기·크리스털 전문기업 로열 스칸디나비아그룹의 플레밍 린델로브 회장은 "최고의 국제적인 브랜드는 글로컬Global+Local 브랜드"라고 주장한다. 세계적으로 생각하되 지역적으로 행동하라는 말이다. 그는 칼스버그 그룹을 경영할 당시 성장의 기회를 찾아 덴마크라는 좁은 나라를 벗어났다. 그에게 세계화란 '입맛과 기호가 덴마크와는 전혀 다른 지역에서 외국산 고급 제품이라는 이미지를 심어놓는 일' 이었다. 지역 특성에 맞는 제품을 효과적으로 광고하면서 외제라는 느낌을 최대한 살린 것이다. 그는 평소 "우물 안에 있되 언제나 우물 밖을 생각하라."라는 말을 즐겨 사용한다.

컴팩 컴퓨터의 최고경영자를 역임한 엑커드 페이퍼는 "어떤 분야에서 경쟁하든지 한 발은 현재, 다른 한 발은 미래를 향해 딛고 있어야 한다."라고 강조한다. 이는 미래에 적극적으로 대응하면서 고객의 요구에도 부응해야 한다는 의미다. 영국 항공방위산업체로 1960년에 설립된 브리티시에어로스페이스의 리처드 에번스는 "CEO가 열정을 갖고 개혁의 단계를 밟아가고 있다는 것이 직원들에게 분명히 드러나야 한다."라면서 "고위 관리자 워크숍 때 최고경영자는 제시간에 도착해야 하고 개인적인 휴식이나 외부 전화를 핑계로 자리를 뜨거나 해서도 안 된다."라고 말한다. 스스로 적극적으로 참여하고 있다는 본보기를 보여줌으로써 조직에 활력을 불어넣어야 한다는 메시지다.

호주 국립은행장을 역임한 돈 아구스는 "경영진의 아이디어가 기업 구성원들에게 속속들이 스며들려면 모든 직원이 같은 악보를 보고 노래하듯 해야 한다."라고 조언한다. "회사의 모든 임직원을 초대형 유조선에서 소형 군함으로 바꿔 타게 하라."라는 하인리히 폰 피이레르 전 지멘스 최고경영자의 말도 새겨들을 만하다.

이외에도 21세기 경영자의 자질로 새롭게 부각되는 요소가 있다. 그것은 바로 '인덕仁德'이다. '인덕'이란 쉽게 말해 인간적인 매력이다. 오늘날의 비즈니스 환경은 경영자가 모든 경영정보를 독점할 수 없다. 따라서 경영자의 시각이 미치지 않는 곳까지 세밀하게 영향력을 행사할 수 있으려면 신뢰에 기반을 둔 경영자의 인덕이 전사적으로 작용해야 한다.

인덕 경영의 대표적인 인물은 일본 마쓰시타 전기의 마쓰시타 고노스케1894~1989 회장을 들 수 있다. 고노스케 회장은 "마쓰시타는 무엇을 만드는 회사입니까?"라는 질문을 받으면 이렇게 대답했다고 한다.

"마쓰시타 전기는 인간을 만드는 회사입니다만, 아울러 전기제품도 만듭니다."

마쓰시타 인덕 경영의 큰 틀 중 하나는 신념에 의한 경영이다. 그는 늘 "경영은 신의와 정의를 중시하는 선에서 이루어져야 한다."라고 말했다. 세상은 부당한 행위를 용납하지 않는다는 것이 그의 생각이었다. 그는 또 보이지 않는 곳을 중시하는 경영을 했다. 금붕어를 기를 때 예쁜 금붕어도 중요하지만, 그 금붕어가 담겨 있는 어항의 물도 중요하다는 것이 그의 원칙이었다. 고노스케 회장은 경영의 기본인 돈, 물질, 사람은 모두 사회의 것이며 그것들을 맡아 운영하는 기업 역시 사회의 것이라는 '큰 생각'을 가진 기업인이었다.

글로벌 CEO들에게 배울 수 있는 첫 번째 사항은 '인적자원관리'

다. 인적자원관리는 기업의 경쟁력을 극대화하는 요인 중 으뜸으로 꼽히는 항목이다. 인적자원관리는 한정된 인력을 어떤 방식으로 가장 적절하게 활용하느냐의 문제이다. 오늘날은 많은 기업이 솔루션을 적용해 이를 해결하려 하지만 초일류 기업의 CEO들은 솔루션 같은 시스템에 의존하지 않고도 리더십으로 얼마든지 풀어나가고 있음을 알 수 있다.

글로벌 CEO들은 이런 측면에서 사원들의 의견을 많이 듣고, 직접 발로 뛴다. 인간은 본래 자신의 경험칙에 따라 각기 다른 눈으로 사물을 바라보려는 습성이 있다. 경영자는 이런 습성을 십분 활용하여 조직 상하 간의 커뮤니케이션 편차를 줄이려고 의견을 많이 듣고, 많이 뛰어야 한다. 앞서 설명한 마쓰시타의 고노스케 회장은 직제를 뛰어넘어 부장보다는 과장, 과장보다는 대리의 의견을 귀담아들었던 것으로 유명하다.

아울러 초일류 CEO들은 나쁜 정보를 귀담아듣는데도 익숙하다. 희망적이고 낙관적인 이야기보다 맹점을 해결하기 위한 비판에 귀를 더 열어둔다. 글로벌 CEO들은 이 같은 앞선 촉각과 감각으로 현장경영을 하는 거이대족형巨耳大足型 인물이 되어야 한다.

05 상황을 반전시키는 CEO의 집중력

'40대 대박 CEO'로 꼽히는 세라젬그룹 조운호 부회장이 웅진식품을 막 일으켜 세울 무렵 그의 강연을 듣고 무릎을 탁 친 적이 있다. 웅진식품은 알려진 대로 전통적으로 대기업들이 시장을 차지하고 있던 음료시장에서 독특한 아이템과 제품으로 틈새시장을 구축한 업체다. 주스, 커피, 탄산음료 등이 소비자들의 입맛을 좌우하는 시장에서 '가을대추', '아침햇살' 등의 제품으로 승부수를 띄워 그야말로 '대박'을 터트렸다.

이 회사는 지난 95년 출시한 전통음료 '가을대추'로 시장의 파란을 일으켰다. 이어 '아침햇살', '초록매실', '하늘보리', '꿀홍삼' 등의 제품을 잇달아 선보이면서 후발주자들을 따돌리고 유사제품을 들고 추격하는 대기업들까지 손을 들게 하였다.

조운호 부회장은 회계학을 전공한 영업사원 출신이다. 그런 그가 대기업과 불꽃 튀는 경쟁을 해야 하는 음료시장에서 우뚝 설 수 있었던 데는, 여느 기업가가 감히 따라올 수 없을 집중력과 열정이 있었기에 가능한 일이었다. 특히 신시장과 기업의 비전을 찾아가는 주도면밀한 계획과 분석력, 집중력은 놀라울 정도로 대단해서 사업가라기보다는 큰 연구 과제를 수행하는 연구원이나 발명가의 면모가 느껴질 정도이다. 예컨대 국가와 민족마다 나름의 입맛이 존재할 터인데 왜 우리나라는 식혜, 보리차, 쌀 등의 훌륭한 전통음식을 가지고도 음료화 하지 못했을까 하고 고민한 것이나, 이것을 실천으로 옮겨 시대를 거슬러 올라가 고대사회의 생활습관까지 연구한 자세를 보면, 그리고 자료를 분석하여 시장에 파고든 것을 보면, 성공한 CEO가 되려면 학자만큼이나 집중도가 뛰어나야 한다는 것을 알게 한다.

주지할 사실은 그를 포함해 많은 성공한 CEO들에게서 이러한 놀라울 정도의 집중력이 발견된다는 사실이다. 인텔의 전설적 경영자였던 앤디그로브 전 회장과 델컴퓨터의 창립자 마이클 델이 여기에 속하는 대표적인 인물이 아닐까 싶다. 앤디그로브는 「오직 편집중 환자만 살아남는다」라는 책을 펴내 화제를 낳은 바 있고, 마이클 델은 저녁식사를 위해 길을 나서면서 수천 명의 관중이 문신하고 소란을 피우는데도 세금과 인프라 문제에 골몰해 군중의 소란을 전혀 눈치 채지 못했다는 일화로 유명하다.

　사실 이러한 CEO들의 편집증적 집착은 성공한 CEO들뿐만이 아니라 자기 사업체를 가진 거의 모든 CEO들에게서 공통으로 나타나는 '질환'일 것이다. 그것은 사실 개인적인 인물 성향에 의한 것이 아니라 CEO라는 자리가 집중력을 키우는 것이라고 봐야 한다. 경영칼럼니스트들이 많은 비즈니스맨에게 "CEO처럼 사고하고 행동하라."라고 권고하는 이유도 여기에 있을 것이다.

　CEO의 집중력이 반드시 사업을 성공으로 이끈다는 보장은 없다. 여기에는 리더십과 팀워크 등 CEO에게 요구되는 스킬 외에도 조직구조, 인적자원, 생산시스템 등 회사 운영에 필요한 여러 요인이 함께 동반돼야만 한다. 하지만, 성공과 실패를 떠나 CEO들의 강인한 정신력과 집중력은 정말이지 사업가들에게서만 배울 수 있는 큰 장점이 아닌가 싶다. 그런 점에서 감히 CEO들은 위대하다고 말하고 싶다.

06 CEO의 인덕(仁德) 지수는 얼마나 될까?

언제부턴가 우리는 유달리 목표Goal에 집착하는 민족이 되었다. 아마도 경제개발이 한창 진행되던 시기부터 앞만 보고 내달리는 풍토가 조성되었기 때문이 아닌가 싶다. 현재 우리가 누리는 풍요로운 삶은 서서히 다음 세대들에게 바통을 넘겨줄 채비를 하는 50~70대들에 의해 건설되었다. 이들은 가히 현대판 한국을 만든 스페셜리스트들이었다. 대단한 열정과 일에 대한 욕심, 목표한 바를 반드시 일구어 내는 불굴의 투지…. 이들에겐 머리보다 감성을 좋아하는 요즘 세대들이 따라가지 못할 투사의 면모가 있었다.

하지만, 이들의 삶의 방식이 더는 존중받지 못하고 있다. 시대가 가파르게 변하면서 합리적이지만 불도저와 같은 리더를 좋아하는 사람은 점차 줄어들고 있다. 반면 감성적이고 소프트한 리더십을 발휘하는 리더들이 대접을 받고 있다. 최근 들어서는 사원들과 피부를 맞대며 애정을 쌓고 사원의 발까지 씻겨준다는 서번트 리더 Servant Leader들이 새롭게 주목받고 있으니 격세지감을 느끼지 않을 수 없다.

바야흐로 감성경영이 대두되고 목표보다 신뢰가 강조되고 있는 시대다. CEO의 신뢰가 땅에 떨어져 곤욕을 치른 미국 기업들의 예를 보더라도 신뢰경영이 얼마나 중요한가를 여실히 엿보게 한다. 이런 관점에서 우리 CEO들이 스스로 인덕仁德 지수를 체크해 볼 것을 권하고 싶다. 과연 나 자신이 부하직원들에게 얼마나 매력적인 인물로 비치고 있는지, 그들로부터 어느 정도나 신뢰를 쌓고 있고, 믿음을 주고 있는지 스스로 평가할 수 있어야 한다.

덕이 있는 경영을 펼치면 각종 비리와 폐단을 사전에 막을 수 있다. 아울러 막대한 광고비를 쏟아 붓지 않아도 기업의 대고객 신뢰도 향상과 매출신장을 기대할 수 있다. 물론 이 같은 일이 결코 쉬운 것은 아니다. 하지만, 우리나라에 성장잠재력이 높은 기업은 많아도, 진정으로 국민에게 신뢰를 주는 기업은 많지 않다는 점에서 이제부터라도 서둘러 관심을 기울여야 한다고 본다.

존슨앤드존슨과 같이 100년 기업역사가 짧게 느껴지는 초일류기업이나 직원의 1/3이 15년 이상의 장기근속자인 미국의 식품업체 스머커, 그리고 "경영은 신의와 정의를 중시하는 선에서 이루어져

야 한다."라며 인덕경영을 펼치는 일본의 마쓰시타와 같이 세계적
으로 성공한 초일류 기업들이 모두 인덕경영에 성공한 기업이라는
점을 새겨두어야겠다.

07 성공?
숫자를 잡아야지!

성공과 숫자는 어떤 함수관계가 있을까? 컴퓨터 단말기에, 또 이동전화에까지 전자계산기가 붙어 있는 세상인데 굳이 사업적 감각을 세우려고 숫자 공부를 할 필요가 있을까. 공교롭게도 그렇다는 정답이 나온다. 세상이 디지털화돼 이제는 1초 이내에 천문학적인 계수까지 산출할 수 있지만, 여전히 숫자감각이 탁월한 사람들이 출세의 반열에 올라서고 있다.

"이만 오십구 원이요, 삼천팔백구십칠 원이요… 육십칠만 오천이백사십 원이면?"

방과 후 주판을 들고 학원으로 향하던 시절이 있었다. 반쯤 노랫가락을 실어 위의 숫자를 읽으면 영락없이 주산 학원의 풍경이 떠오른다. 당시 주산 학원은 오늘날 피아노 학원이나 어학 학원처럼 으레 다녀야 하는 초등학교 시절의 통과의례 같은 거였다. 열기가 얼마나 뜨거웠는지 TV에서 암산대회를 열기도 했는데, 어린 초등학생이 손가락으로 상상 속의 주판알을 퉁겨 족집게처럼 정답을 맞히곤 했다.

시대가 바뀌고 주판쯤은 원시적인 도구로 인식되면서 이제 주산 학원은 거의 자취를 감추고 말았다. 그래선지 요즈음의 학생들은 두 자리 수의 암산에도 진땀을 흘린다. 주산 학원이 추억 속으로 사라진 것은 아마도 '디지털' 이란 용어가 번지기 시작하면서일 것이다. 하지만, 컴퓨터의 발달은 동시에 인간의 암산 능력의 퇴화를 가져왔다. 곳곳에 널린 게 계산기이므로 계산은 당연히 컴퓨터의 몫이 됐다. 이렇듯 손바닥 컴퓨터와 디지털이 판치는 세상이지만 숫자감각이 있는 사람과 그렇지 않은 사람과의 몸값은 여전히 천지 차이다. 특히 이윤과 부가가치 창출이 최대의 목표인 기업에는 숫자 감각이 뛰어난 임원이 얼마나 많은가에 따라 그 양상이 달라진다.

이중 CEO는 탁월한 숫자 감각이 필요하다. 오늘날 기업의 CEO는 재무 상황을 총괄하는 CFO재무총괄임원가 있음에도 남다른 숫자 감각을 요구받고 있다. 매출과 원가, 생산지표, 각종 결산자료와 투자지표 등 경영환경의 대부분이 계수화되어 있으므로 전적으로 CFO에게만 의존할 수 없는 탓이다. CEO는 궁극적으로 최종적인 판단을 내려야 하는 위치에 있으므로 비즈니스 상황과 연관 지어 판단해야 한다. 흔히 CEO의 성공자질로 비전Vision, 품위Presence, 주관Perspective, 위기해결능력Crisis Wizardry, 숫자감각Financial sense을 꼽는 것도 이런 이유다.

일선 실무자들에게도 숫자 감각은 절대적이다. 결산서의 분석을 담당하는 부서는 말할 것도 없고 영업직과 기획부서, 총무부서, 생산부서, 마케팅부서 등 거의 전 부서가 계수화 된 비즈니스 상황에 직면해 있다. 그래서 비즈니스 현장에서 숫자 감각은 사업의 의사결정을 하는데 있어 매우 중요한 능력이라고 할 수 있다.

숫자감각Financial Sense은 주주의 이익과 종업원의 이익, 고객의 가치를 중시하는 기업일수록, 더 나은 성공을 꿈꾸는 사람일수록 친해질 필요가 있다. 경제가 어떻게 돌아가고, 투자자들의 요구가 무엇이며, 재무상황이 어떻게 돌아가고 있는지 광범위한 회계의 지식과 숫자감각을 키워나가야 한다. 또 현재의 기업 가치와 수익성 분석을 통해 미래를 예측하려면 절대적으로 필요하다.

각종 프로그램 기기와 디지털 기기가 출현하면서는 숫자감각이 절대적으로 필요한 프로그래머 등의 직종이 인기를 끌고 있기도 하다. 우리가 흔히 접하는 웹사이트의 프로그램도 숫자들의 조합이고 보면 단순히 전자계산기만으로 비즈니스의 한계를 극복할 수 없다는 것을 알 수 있다.

이 때문에 서점가에는 이와 관련한 책들이 괜찮게 팔려나가고 있다. 「회사의 숫자에 강한 남자가 출세한다 이시가미 요시오 著 · 더난출판사」 등의 책이 주류를 이루는데, 대부분 숫자감각이 무엇이고, 경비, 매출, 재고 등 비즈니스 현장에서 자주 듣게 되는 용어와 원가, 이익 등에 대해 도표 등을 사용해 설명하고 있다.

숫자감각이 필요한 이유는 미국 기업의 역사에서도 여실히 드러난다. 미국 경제를 일으켜 세운 거대 기업의 CEO들은 대부분 남다른 숫자감각의 소유자들이다. 이들은 탁월한 숫자감각으로 엄청난 정보의 양을 계수화해 경영에 반영하고 트렌드를 읽었다. 이는 오늘날 CEO들이 리더의 자질만 가지고는 살아남기 어려워졌다는 것을 암시하는 것이다.

미국 케임브리지에 하버드대학과 나란히 있는 매사추세츠대학 MIT의 학생들은 교내 맥클러린빌딩을 '빌딩 10' 으로 부르는 등 숫자 사용을 생활화한다. 심지어 '빌딩 2' 에서 강의 듣고 '로비 7' 에서 미팅을 하며 '전공은 6컴퓨터과 18수학' 이라고 말하기까지 한다. 최소의 시간에 최대의 정보를 전달하려는 과학정신을 키우기 위해서라는데 노벨상을 받은 미국인 중 40%가 이 학교 출신이라고 한다. 효과적으로 정보를 전달하려는 수단으로 숫자를 사용한 것이라지만 숫자 사용의 생활화가 성공을 앞당겼을 것이라는 데 이견을 다는 사람은 없다. 예나 지금이나 숫자 감각은 시대의 경쟁력이다.

08 가치창조는 꾸준한 재창조의 산물

싸우지 않고 승리하는 전략이라고 해서 '블루오션' 이라는 단어가 크게 인기를 끌었다. 경쟁자 없는 새로운 시장을 창출한다니 정말 솔깃하지 않을 수 없다. 그런데 사실상 현대 사회는 거의 모든 것들이 창조돼 있다. 제2의 미켈란젤로가 신대륙을 발견할 수 없는 것처럼 서비스나 제품에서도 그러하다. 그런 점에서 '新시장' 이나 '새로운 가치창조' 는 완전하고 새로운 원천적인 창조라기보다는 가치의 재해석에 따른 '시장 또는 제품의 재창조' 라는 의미로 폭넓게 해석되는 게 맞을 것이다.

현재 우리가 익숙하게 사용하고 있는 컴퓨터는 기호학과 수학 등 6개 이상의 학문이 모여 탄생한 '재창조의 산물' 이다. 시장에는 이렇게 '재창조' 에 의해 가치혁신을 이룬 사례가 무수히 많다. 이들

제품은 미투제품과 새로운 경쟁상품에 의해 곧 레드오션으로 편입되지만, 해당 기업은 또 다른 가치창조로 선발주자의 입지를 다져 나가는 것을 볼 수 있다.

풀무원이 새로운 각도에서 신시장을 개척한 포장 두부 시장은 이의 대표적인 국내 사례라고 할 만하다. 두부는 오랫동안 미포장 상태에서 판매되었다. 풀무원은 이런 오랜 '관습'을 깨고 두부를 진공상태에서 포장하여 시장에 출시했다. 그리고는 기존 재래시장의 '손두부'를 완전히 대체시켰다. 수천억대에 달하는 두부시장을 이런 간단한 '블루오션 아이템'으로 완전하게 바꾸었으니 이것이야말로 혁신이라는 생각이 든다.

끊임없는 문제제기와 연구로 신시장을 창조한 위니아만도의 김치냉장고도 가치혁신의 대표적 산물이다. 에어컨 핵심기술을 보유한 자사의 장점을 최대한 살려 새로운 관점에서 기술을 바라본 것이 가치창조 활동으로 이어져 김치냉장고를 탄생시켰다는 것은 이미 다 아는 사실이다. 중요한 것은, 가치창조는 이렇듯 기존의 것을 새로운 것으로 탈바꿈하는 '재창조'의 혁신활동을 통해 파생된다는 점이다. 이것은 기존의 것을 혁파하고 도전함으로써 얻어지는 것이다.

그런데 이러한 '가치창조', '가치혁신'은 전사적인 마인드가 동반되어야 한다는 점에서 또 다른 '재창조'를 요구한다. 서비스의 혁신에 앞서 일터를 신바람 나는 공간으로 탈바꿈시켜 새로운 혁신문화를 창조한 소니코리아의 '아이베스트' 프로그램이나, "5%는 불가능하지만 30%는 가능하다."라는 LG전자의 혁신운동, 그리고 주 1건 이상의 제안 아이디어를 실행에 옮기는 것으로 유명한 품질경영의 대명사 웨인라이트社 등 가치창조로 앞서 나가는 기업들의 사례가 이를 증명하고 있다. 그런 점에서 가치혁신이론의 창시자인 김위찬 교수와 르네 마보안 교수가 제시한 블루오션은 전혀 새로운 바다가 아니라 기존의 바다 속에서 발견되는 '재창조의 바다' 라고 할 수 있을 것이다.

09 서번트 리더로 거듭나자!

"필요하다면 사원의 발까지 씻겨줘라."

최근 권위를 내세우며 리더십을 펼치던 리더들이 하인처럼 희생과 봉사를 아끼지 않는 서번트 리더Servant Leader들에게 바통을 넘겨주고 있다. 학계는 물론 3M, 인텔, HP 등 외국 유수 기업들도 속속 교육훈련 프로그램에 서번트 리더십을 포함하는 추세다. 머슴처럼 섬기겠다는 데 이를 마다할 사람이 누가 있겠는가. 삼성전자 이상현 전 사장도 국내영업사업부 사장 시절 직접 영업사원의 발을 씻겨 화제를 낳은 적이 있는데 여기에도 서번트 마인드로 종업원 만족도와 인적자원의 가치를 높이려는 의도가 깔렸다.

서번트 리더십은 '사용자 관점', '소비자 관점'으로 환경이 바뀔

수록 점점 굳어질 공산이 크다. '가까이하기엔 너무 먼' 종전 리더들의 모습은 오간 데 없이 사라지고 사원들과 피부를 맞대며 애정을 과시하는 리더십이 새로운 관리자형의 모습으로 자리를 잡을 것이란 얘기다.

서번트 리더십이란 한 마디로 '사랑을 실천하는 리더십'이다. 봉사와 헌신이 사랑의 실천양식이라고 정의하고, 리더가 사랑을 통해 조직을 융합하고 문제를 해결해야 한다는 의미가 담겨 있다. 일반적으로 사랑을 잃은 리더들은 권위적인 모습을 자처하게 되고 권력에 의존하려는 경향을 보이는데, 이렇게 되면 어떠한 문제에 직면했을 때 이를 효과적으로 풀어나갈 수 없다. 이것이 서번트 리더십이 대두되는 이유다.

사실 서번트 리더십의 개념이 등장한 지는 30년이 넘었다. 하지만, 기업에 본격적으로 도입된 지는 얼마 되지 않았다. 지난 1970년 미국의 로버트 그린리프가 「리더로서의 서번트」라는 작은 경영 에세이집을 낸 것이 시초였는데, 무려 50만 부 이상이 팔려나가 큰 인기를 끌었다. 이후 피터 드러커, 스티븐 코비, 피터 셍게, 톰 피터스 등 세계적인 학자들에게 영향을 미치면서 세계적인 붐을 탔다. 주시할 점은 오늘날 세계적으로 이른바 '잘 나간다.'는 기업 대부분이 이 서번트 리더십을 도입하고 있다는 점이다. 美 경제주간지 포춘이 지난 98년부터 '가장 일하기 좋은 100대 기업'을 선정한 바에 따르면, 100대 선정 기업 중 약 30% 이상이 이 서번트 리더십을 도입한 것으로 조사되었다. 특징적인 것은 서번트 리더십이 조직의 리더에게 국한된 것이 아니라, 전체 기업문화에 영향을 주고 있다는 사실이다. 이른바 ‘조직원들이 회사에 나오고 싶어 미치게 한다.’ 라는 것이 서번트 리더십을 도입한 회사들의 공통적인 특징이다. 국내에서는 하나은행이 서번트 리더십과 함께 ‘재미있는 일터 만들기 운동’ 을 추진했는데 이런 취지의 도입 사례라고 할 수 있다.

간과해서는 안 될 것은, 서번트 리더십은 단지 리더에게 국한된 문제가 아니라는 점이다. 기본적으로 서번트 리더십을 도입하려는 기업은 ‘새로운 조직’ , ‘새로운 기업문화’ 를 만든다는 궁극적인 목표가 있어야 한다. 그야말로 ‘신명 나는 일터’ 를 만드는 것이 최종 목표다. 직원들이 신명 나게 일을 하게 되면 기업의 목표는 훨씬 빨리, 그리고 훨씬 높게 달성될 수 있고, 임직원들은 그 속에서 더 큰 가치를 누릴 수 있다. 이렇게 되면 조직은 윤기 있고 생기 있는 모습으로 탈바꿈할 수 있다. 단지 CEO의 권위를 홍보하는 수단으로 활용되어서는 안 된다는 얘기다.

많은 리더가 ‘싸우지 않고 이기는 것이 진정한 승리’ 라는 명언을 알고 있다. 하지만, 이의 실천이 쉽지 않은 것은 문제의 요인이 ‘내가 아닌 너’ 에게 있다고 보기 때문인데, 서번트 리더십은 이러한 개념을 180도로 확 바꾸는 것이다. 따라서 CEO가 명령과 획일적인 지휘체계가 난무하는 조직에서 벗어나, 사랑과 헌신으로 상하가 융합되는 조직을 만들려고 진심으로 노력을 기울여야 소기의 성과를 거둘 수 있다. 그러자면 CEO의 거만한 체면치레를 과감히 벗어 던져야 한다.

과감하게 하인Servant이 돼라!

위기의 시대일수록 중간관리자를 포함한 기업 내부 인재의 역할 이 크게 중대된다. 역사적으로 강력한 리더십을 발휘한 기업이 시 장의 우위를 점해왔다는 사실이 이를 입증한다. 서번트 리더십도 기본적으로 이런 배경에 인식을 같이한다. 서번트 리더십은 조직 내 각 계층 간 신뢰관계가 무엇보다 중요하다고 인식하고, 이를 위 해 리더가 부하들의 성공과 성장을 위하여 먼저 부하를 섬기자는 것에서 비롯된다. 유능한 리더일수록 획일적인 명령에서 탈피하여 부하에게 남다른 코칭과 배려를 하고, 봉사와 헌신으로 신뢰를 쌓 아가는 것을 볼 수 있는데, 이렇게 되면 조직 내에 브레인 충이 두 터워져서 궁극적으로 조직력을 배가시키는 효과를 낳는다.

한 편으로 서번트 리더십의 대두는 이 시대가 '신뢰의 위기' 에 처해 있기 때문이라고 할 수 있다. 이제 기업은 상하 간 구성원들의 협력수준에 따라 경쟁력이 다르게 나타나고 있다. 일반적으로 기 업 내의 신뢰는 관리자와 임원, 그리고 최고 경영자의 리더십에 의 해 영향을 많이 받게 마련인데, 아쉽게도 우리의 현실은 위로 올라 갈수록 불신의 대상이 되어 존경받지 못하는 것을 보게 된다.

서번트 리더십은 이 같은 상황을 타개하고 새로운 리더십의 모델과 상하 간 신뢰 구축이 필요하다는 전제하에서 출발하여야 한다. 궁극적으로 조직이 '관계 중심의 조직Relationship-based organization'으로 전환되어 구성원들의 잠재적 에너지와 활력을 최대한 이끌어냄으로써 신뢰에 바탕을 둔 경쟁력 배가 운동으로 발전하여야 한다.

아울러 서번트 리더십은 과거 많은 기업이 기술력의 부족이나 관리부족, 경쟁력 약화, 환경의 변화 등 외부적 요인에서 실패의 요인을 찾은 것과 근본적으로 다른 시각에서 접근하는 것이다. 왜냐하면, 경쟁력을 배가시키는 요인이나 문제의 근원이 외부적 요인에 기인하는 것이 아니라 내부에서 비롯되고 있다고 보기 때문이다. 더불어 경쟁력을 향상시키는 큰 요인이 조직원간 협업관계 및 신뢰관계의 구축이라고 판단하고, 이를 위해 조직 내부 종사자들 간의 관심과 봉사, 헌신을 유도함으로써 잠재 경쟁력을 높이는 데 주력한다. 밑에서부터 불을 지피자는 의도에서 하인을 뜻하는 '서번트Servant'라는 단어를 쓰는 것도 이런 데 기인한다.

서번트 리더십은 세계적인 경제학자 로버트 그린리프에 의해 처음 창시되었다. 그린리프는 기업의 환경변화에 예리한 통찰력을 지닌 또 한 사람 피터 드러커와 함께 미래사회에서 인간이 추구해야 할 근본적인 가치와 신념에 대해 연구했다. 하지만, 가치의 신념과 구현방법에는 피터 드러커와 많은 차이를 보였다. 그린리프는 조직에서의 진정한 리더십은 구성원들의 성장을 돕는 것이라는 것

이라고 늘 주장하였다. 그리고 그 주장의 결정판이 서번트 리더십
이라 할 수 있다.

어찌 되었건, 똑똑한 부하뿐 아니라 업무능력이 떨어지는 부하직
원까지 잠재적 가치를 향상시켜 모든 조직원을 동반 성장시키는
일은 여간 매력적인 일이 아니다. 리더는 이러한 목표를 위해 낮은
자세에서! 진심으로! 하인의 마인드를 조직에 심어나가야 한다.

10 시너지의 원천 : 균형과 조화

무게중심을 이동시키는 시소게임을 누구나 한 번쯤 해보았을 것이다. 시소게임처럼, 늘 남보다 위에 존재해야만 승자의 위치를 고수하고 이득을 본다고 생각하는 사람들이 많다. 하지만, 그렇지 않다. 늘 상대방을 제압한다고 해서 시소게임의 승자가 되는 것은 아니다. 그런 시대는 지나갔다. 이제 우리는 균형의 법칙을 깨달아야 한다. 내가 아닌, 모두가 승자가 되고 성공자가 되는 win-win 시대에 철저하게 적응해야만 한다.

'매출만 늘면 시장의 승자가 된다.'

아직도 이런 생각을 하는 이가 있다면 시대에 뒤떨어졌다고 할 수 있다. 매출이 늘었다는 것만으로 시장을 리드하는 시대는 지나갔다. 매출 못지않게 중요한 요소들이 과거에 비해 엄청나게 많이 생겨났다. 기업윤리와 사회공헌, 사원복지정책, 고객만족도, 내국 지역과 글로벌 지역의 서비스 평준화 등등…. 특히 요즈음은 품질 못지않게 친절과 윤리의 중요성이 더 강조되고 있다. 지속적인 성장과 균형발전을 위해서는 CEO가 이런 '승자의 요건' 들을 우선 챙길 줄 알아야 한다.

이제는 한 방향으로만 나아가서는 영원히 승자의 위치를 점할 수 없게 되었다. 시대의 흐름을 좇아 균형의 성장정책을 펼쳐야만 한다. 균형의 중요성은 글로벌 기업의 사례에서 쉽게 찾아볼 수 있다. 경쟁을 중시하면서도 평준화와 균형을 통해 지속적인 성장을 추구하는 글로벌 기업의 밸런스경영을 들여다보자.

시티뱅크의 Balanced Scorecard

시티뱅크는 임원평가제도에서 절차상으로 명확하게 규정된 임원균형평가제도를 고수하고 있다. Balanced Scorecard로 명명된 시티뱅크의 임원평가제도는 임원계층의 평가와 보상에서 몇 가지 중요한 균형 지표를 제시한다.

이들 지표는 사람관리People Management, 고객/프랜차이즈 성과 Customer/Franchise Performance, 위험Risk, 통제Control, 사회Community, 재무성과Financial Performance 등의 항목으로 구성돼 있다. 언뜻 보면, 임원의 업무평가 기준 항목처럼 보이지만, 시티뱅크는 이 기준을 통해 임원 승진에 대한 불평을 없애고, 누구나 기준에 맞은 능력만큼 대우받을 수 있는 근로 풍토를 조성했다. 예컨대 Balanced Scorecard를 기준으로 전체 조직에 같은 목표를 제시함으로써 역량 미달 조직에도 평균치 이상의 업적을 달성할 수 있도록 동기를 유발하고 있다.

기업을 경영하는 데 있어 빼놓을 수 없는 중요한 요건 중 하나는 모든 조직의 역량을 최대한으로 끌어올리는 것이다. 이것은 열등 조직까지도 공동의 목표에 최대한 도달하도록 함으로써 전체 조직의 시너지를 유발하는데 그 목적이 있다. 시티뱅크의 Balanced Scorecard는 그런 점에서 조직에 열정을 불어넣어 균형적인 성장을 도모한다는 차원에서 여타 기업의 벤치마킹 대상이 되고 있다.

이윤과 윤리의 균형을 중시하는 제약기업 머크Merck

머크Merck & Co., Inc는 순환기와 호흡기 계통, 기타 각종 백신을 생산하는 미국계 제약회사로, 전 세계 제약업계에서 3위에 랭크되어 있는 글로벌 기업이다. 머크는 지난 1891년 설립 이래 줄곧 이윤과 윤리의 균형을 중시해 왔다. "의약품은 환자를 위해 존재하는 것이지, 이윤을 위해 존재하는 것이 아니다."라는 창업자 George W. Merck의 말처럼, 윤리기준과 성실성에서 세계 최고라는 평가를 받는다.

머크는 이윤에 앞서 윤리를 강조한다. 일례로 머크는 무능한 직원은 해고하지 않지만, 윤리기준을 어긴 직원은 가차없이 해고하는 것으로 유명하다. 하지만, 윤리 때문에 어떤 경우든 손해가 발생하는 모든 상황을 받아들이겠다는 것은 아닐 것이다. 이보다는 윤리와 이윤의 균형을 통해 기업의 미래를 보장받고 있다고 보는 것이 정확하다.

머크는 아울러 기업의 발전과 더불어 직원과 고객의 행복이 평행적으로 추구되는 것을 최상의 가치로 여긴다. 기업의 성장과 직원 및 고객의 행복이 상호 균형적으로 발전하는 것이 머크를 발전시키는 것으로 생각하는 것이다. "윤리와 환자중심의 철학을 지키는 동안 이윤이 따르지 않은 경우는 없었다."라는 조지 머크의 말은 이윤과 윤리의 균형정책이 결국 기업에 어떤 부메랑을 안겨다 주는지를 일깨워준다고 하겠다.

필립스 · 마쓰시타의 사례로 보는 글로컬Glocal 정책

세계화 시대다, 글로벌 시대다 해서 많은 기업이 해외시장 진출에 혈안이 돼 있다. 하지만 글로벌 시대일수록 글로벌 지역과 로컬 지역과의 균형을 적절하게 도모할 필요가 있다. 지역시장에 대한 위기감이 고조되자 공통으로 조직 재편과 글로벌 전략의 필요성을 느꼈음에도, 서로 다른 정책을 구사한 필립스와 마쓰시타의 사례가 이 같은 글로컬 균형 정책의 중요성을 일깨워준다.

필립스 : 필립스는 20세기 초반, 내수시장에서 한계가 드러나자 서둘러 세계 각지로 진출하는 계획을 세웠다. 이에 따라 각 지역의 생산 설비를 확충하면서 글로벌 생산 거점을 확보하는 데 주력했다. 이는 해외 지역에 진출한 각 지역 조직의 자율성을 극대화해 다국적 기업으로의 행보를 가속화 시켰지만, 곧 세계적으로 무역장벽이 허물어지면서 국가별 생산시스템의 비효율성을 드러내기 시작했다. 특히 일본 기업과의 맞불경쟁에서 번번이 쓴잔을 마시게 되면서 글로벌 생산거점을 통한 다국적 기업화 정책에 회의를 느끼게 되었다.

결국, 필립스는 이를 없애려고 조직의 재구성화를 진행하게 됐지만, 오히려 생산과 자원분배 기능을 사업부 조직으로 이전하고 해외 생산 거점을 더욱 확대함으로써 더욱 글로벌 전략에 가속페달을 밟는 전략을 취했다.

마쓰시타 : 마쓰시타는 80년대 VCR 시장에서 돌풍을 일으키자, 그 여세를 몰아 공격적으로 글로벌 정책을 추진했다. 그러나 필립스와는 대조적으로 본사 제품사업부가 해외 생산채널을 통제하는 중앙집권식 운영체제를 고수했다. 이러한 조직 운영은 초기에 글로벌 전략 수행을 원활하게 해주는 작용을 했다. 그러나 글로벌화

가 진행될수록 본사 의존도가 높아졌고 해외진출 국가에 대한 설비투자 압력이 거세져 거꾸로 지역 조직들의 역량을 제한하는 결과를 가져왔다. 결국, 마쓰시타는 '생산의 지역화'를 천명하면서 지역 자회사에 제품 선택권을 부여하는 등 로컬지역의 역량을 더욱 강화하는 전략을 취했다. 필립스와 똑같이 글로벌화에 대한 고민을 하면서도 정반대의 전략을 취한 것이다.

두 회사의 사례는 오늘날 대세가 된 글로벌 시대에 글로벌과 로컬의 균형과 조화가 얼마나 중요한가를 일깨워준다. 우리는 늘 밝은 쪽과 어두운 쪽을 가리려고 하고, 발전적인 시장과 그렇지 않은 시장을 한 방향에서 애써 구분하려고 한다. 하지만, 이러한 시각 자체가 조직을 균형적으로 발전시키는 데 장애가 될 수 있다는 것을 알아둘 필요가 있다. 빨주노초파남보. 원색에서 좋아하는 색을 고르는 것보다 색의 조화와 균형을 통해 시너지를 내는 것이 중요한 시대가 되었다. 한쪽으로 치우치는 것은 조직이든, 매출이든 모양새가 좋지 않다. 그런 '균형의 미학'이 필요한 때다.

11 뻣뻣 세상의 주인공들?

"우리 사회의 식자층은 헤비Heavy하다."

주위의 한 CEO와 이런저런 이야기를 나누다가 난데없이 이런 결론에 이르렀다. 그런데 결론을 내놓고 보니 참 씨 있는 말이라는 생각이 들었다. 권위와 자존심을 필요 이상 앞세우는 우리 사회의 지식층을 아주 '무겁게' 꼬집고 있기 때문이다. 문득 우리 사회의 리더들이 바로 이 점을 간과하고 있지 않은지 묻고 싶어졌다.

처음 골프를 시작할 때다. 처음엔 무슨 큰 운동이 되겠나 싶어 대수롭지 않게 여겼는데 시간이 흐를수록 기본기와 정교함을 요구하는 매우 섬세한 운동이라는 것을 알게 되면서 여지없이 그 늪(?)에 빠져들고 말았다. 골프를 치면서 필자가 배운 교훈은 초보자들에게 영원한 숙제이기도 한 '힘을 빼라.'는 것이다. 철학과도 같은 이 골프 교훈은 볼을 칠 때 외에도 줄곧 뇌리에 남아서 마치 인생의 큰 철학을 발견한 느낌마저 든다.

　무슨 일이든 힘이 많이 들어가면 일을 망치기 십상이다. 어떤 일에 대한 관심이나 열정도 정도가 지나치면 족쇄가 되어 자기 안에서 자신을 올바로 보지 못하게 하는 부작용을 낳는다. 일과 사업, 그리고 육아育兒와 같은 교육의 범주에서도 너무 힘이 들어가 관심의 강도가 지나치면 이성적인 판단을 하기가 어려워진다. 지나친 의욕이 큰 골을 만드는 것처럼 무의식 중에 화를 자초하게 되는 것이다. 여러 가지를 고려해 볼을 치려고 하면 볼을 맞히기조차 어려워지는 것처럼 골프뿐만 아니라 일과 사업, 그리고 사람을 대하는 데 있어서 적당히 그리고 충분히 힘을 빼야 정상적인 샷이 가능해진다. 애정이 지나치면 집착이 되고 의욕이 앞서면 일을 그르치게 되는 것처럼 뭐든 지나치면 모자람만 못한 것이다.

힘이 잔뜩 들어간 우리 시대의 리더들

　그런데 이런 과도한 열정은 사실 건전한 것이다. 문제는 건전하지 못한 힘주기, 이른바 어깨에 뽕만 잔뜩 들어간 우리 사회의 불필요한 권위의식에 있다. 돌아보면 우리 사회에는 모양새 좋지 않게 어깨에 힘을 잔뜩 넣고 다니는 이들이 참 많다. 조금 이름이 알려지면 으레 뻣뻣해지고, 권력을 잡으면 금세 천하를 움켜쥔 양 행세하고 다니는 이들이 뜻밖에 많다.

지위가 높아지고, 유명세를 타면'어깨에 철갑을 두른 듯 경직되고 권위적으로 변하는 이들을 우리 시대의 리더로 모시는 것은 씁쓸한 일이다. 게다가 영리한 리더라면 힘이 잔뜩 들어간 시점에서 스스로 자세를 교정할 줄 알아야 하는데 그렇지도 못하다.

우리 사회 권력가들의 이런 뻣뻣한 면모를 노무현 정부 시절 TV로 볼 기회가 있었다. 국회 운영위원회가 청와대 비서실장과 비서관을 출석시킨 이날 토론은 정말이지 볼썽사나운 모습 그대로였다. 이날 토론의 절정은 양정철 청와대 홍보기획비서관과 의원들의 한바탕 '입씨름' 이었다. 양 비서관은 다소 도발적인 태도로 의원들의 질의에 답하면서 자신이 오마이뉴스에 기고한 면책특권 관련 부분에 대해 "말이 아니라 글이다. 질의를 제대로 해달라." 며 의원들에게 맞섰고, 의원들은 이에 분개해 "일개 비서관이…", "비서관 주제에…", "오만방자하게 쫑알쫑알 거리고 있다." 며 스스로 위신을 깎는 말과 행동을 보였다. 더욱 놀라운 것은 이 자리를 함께한 젊은 의원까지 가세해 '일개 비서관' 운운하며 국민이 지켜보는 앞에서 '토론자 쥐잡이' 에 나섰다는 점이다. 생각이 깨어 있을 법한 젊은 의원까지 권위의식에 사로잡힌 모습을 보자니 정말이지 실망감을 감출 수 없었다. 양 비서관이나 의원들이나 한결같이 어깨에 힘이 잔뜩 들어가 공동으로 꼴사나운 공연을 연출한 셈이지만 그들 표현을 빌리자면 '일개 국회의원' 이 국가의 주인인 국민이 보는 앞에서 시정잡배나 쓰는 표현을 써가며 말싸움을 벌인 것은 그야말로 오만불손한 행동이 아니고 무엇인가 말이다.

더 가관인 것은 이날 청와대 비서실장을 상대로 한 의원들의 질의였다. 의원들 대부분은 재미있게도 이병완 비서실장을 상대로 한 질의에서는 이렇다 할 질문 한 번을 제대로 못 했다. 정확히 말하면 스스로 질문하고 답변하는 '원맨쇼'를 하다 시간제한에 걸려 마이크가 꺼지는 미성숙한 토론문화를 보였다. 그 때문에 이병완 비서실장은 번번이 "네, 네." 하는 두어 번의 짤막한 대답만으로 무사히 질의를 넘길 수 있었다. 국민의 처지에서 이 장면은 청와대 실세라는 비서실장 앞에서는 따끔한 질의 한 번 못하면서 비서관을 상대로 한 질의에서는 그야말로 잡아먹지 못해 안달 난 것처럼 행동한 우리 시대 의원들의 이중성을 목격하게 한 대목이었다.

힘을 빼라… 과하면 화를 부른다

지위가 높아진 사람이 어깨에 힘이 들어갔는지 그렇지 않은지 여부는 회의석상에서 확인할 수 있다. 목과 어깨에 힘이 들어간 위인은 회의 목적과 문제해결능력을 상실한 채 연설조나 훈계조로 일관한다. 게다가 이런 부류는 말을 많이 해야 위신이 선다고 생각한다. 자세히 들어 보면 시간만 잡아먹는 말들인데 말이다. 모름지기 토론 시에는 서로 말을 주고받아야 문제 해결도 가능한 법이다. 혼자서 마이크를 움켜쥐고 있어서는 절대로 일이 잘 풀릴 리 없다. 역시 힘이 과하게 들어간 탓이다.

우리 사회의 권위의식은 언제부턴가 고치지 못할 몹쓸 병이 된 듯이 보인다. 국사를 논하는 의원들뿐 아니라 재계의 리더나 가정의 가장들도 아무도 존중해 주지 않는 이런 권위의식에 사로잡혀 있다. 조금만 힘을 빼고, 좀 더 부드럽게 클럽을 휘두르면 금세 그 차이를 알 수 있는 데도 골프처럼 쉽게 고쳐지지 않는 것이다.

곳곳에서 힘을 빼야 한다. 목과 어깨 근육은 최대한 부드럽게 해야 건강에도 이로운 법이다. 국가가 잘 되고 사회가 잘되려면 지도층에서부터 겸손해하고 덕을 지녀야 한다. 적어도 자리에 걸맞은 최소한의 구안具眼능력은 갖춰야 한다.

언젠가 글로벌 초일류 CEO들의 경영철학을 토론식으로 듣는 CEO Exchange라는 프로그램을 보다가 깜짝 놀란 적이 있다. 이름만 대면 알 만한 세계적 CEO들이 미국 미시간대 경영대학원 학생들 앞에서 너무도 친근하고 자연스럽게 사회자의 질문에 대답하며 대화를 즐기고 있었던 것이다. 토론문화에 익숙한 서구인들이라고는 해도 이런 자리는 CEO의 권위를 내세워 참여 자체를 거부할 우리네 식자층과 비교해 보면 경외감이 들지 않을 수 없었다.

왜 우리 사회에는 이런 문화가 자리 잡지 못할까? 총수가 나서고 CEO가 나서면 막대한 광고홍보비를 들이지 않고도 전 세계를 대상으로 기업을 홍보할 수 있는데 말이다. 한마디로 목에, 어깨에 힘이 들어간 식자층이 우리 사회엔 너무 많다. 일정 규모 이상의 기업이 되고, 일정 수준 이상의 유명세를 타고, 어느 정도 권력을 움켜쥐게 되면 너나없이 뻣뻣해지는 것이 우리 사회의 문제점이다. 리더들이여! 제발 '뻣뻣 세상'의 주인공에서 벗어나자. 힘을 빼자!

12 직원들의 열정을 높여라

열정은 불가능한 것을 가능하게 만드는 잠재된 에너지다. 이것은 돈 또는 명예욕과 관련이 없다. 연봉을 많이 주는 회사의 열정이 그렇지 못한 회사의 열정보다 낫지 않은 이유가 여기에 있다. 열정은 조직원들이 거대한 용광로에서 뜨거운 열기를 분출해 내는 것과 같다. 그것은 일반적인 하드웨어 장치나 시스템만으로 가능한 것이 아니다. 그것은 수억 원을 들인 인적관리 시스템이나 인텔리전트 환경 구축에서 비롯되는 것이 아니라 한 사람의 '열정적인 직원'이나 '상호존중', '사랑' 등에 의해 가능한 것이다. 제도나 시스템은 그 이후의 일이 될 수 있다.

열정은 지난 2002년 한일월드컵이 잉태한 Red 세대에서 그 실체가 명확히 확인되었다. 기업들이 월드컵 이후 R세대 연구에 심혈을 기울인 것도 바로 그들의 '열정'을 기업 내에 흡수하려는 것이었다. 직원들의 열정을 높이는 일, 이는 기업의 경쟁력을 높이는 지름길과 같다. 여기 열정과 관련한 재미있는 한 연구조사 자료가 있다. '열정적인 직원'을 가진 회사를 그렇지 않은 회사와 비교해보니 매우 충격적인 결과가 나왔다. 열정적인 직원을 가진 회사가 그렇지 않은 회사보다 이직률Turnover이 무려 50%나 낮으며 고객 충성도Customer Loyalty는 56%나 높고 생산성은 평균보다 36%가 높으며 수익성은 27%가 높다는 것이다.

'열정'은 기업을 시장의 승자로 만드느냐 패자로 만드느냐 하는 중요한 키워드다. 그러나 아직 많은 기업은 열정을 높이기 위한 나름대로 대안을 가지고 있지 못하다. 일부 경영컨설팅업체에서 '조직 열정 관리' 컨설팅을 제공하고 있지만, 열정의 불씨는 외부에서 내부로 끌어당길 수 있는 것이 아니다. 넓은 초원 한복판에 불을 붙이면 타원형으로 서서히 불씨가 번져나가는 것처럼, 열정은 하나의 에너지가 일파만파一波萬波로 번져나가도록 관리되어야 한다. 그래야, 거대한 시너지와 응집력을 기대할 수 있다.

어떻게 열정을 만들 것인가?

CEO들이 직원들에게 열정을 강조하는 뉴스레터를 보내는 일이 많아졌다. 어느 날 갑자기 메일함에 도착한 CEO의 애정 어린 편지,

열정은 어쩌면 이런 가벼운 아이디어에서부터 시작되는 것일 수
있다.

「인재들이 떠나는 회사 인재들이 모이는 회사 도서출판 푸른솔」의
공동저자인 버버리 케이와 샤론 조던 에반스가 책에서 강조하는
것도 이 '열정'이란 단어를 부추기는 관리자의 역할이다. 결국, 기
업을 시장의 리더로 만드는 것이 핵심인재라고 한다면, '열정 관
리'를 어떻게 하느냐에 따라 인재들이 많은 회사와 그렇지 않은 회
사를 가리게 되는 것이다.

인재를 보유하는 방법에 대해서는 누구나 많은 방법과 아이디어
를 도출해 낼 수 있다. 하지만, 사람과 사람과의 관계를 지나치게
도식화해서 생각하거나 계산적으로 접근해서는 안 된다. 특히나
'열정을 이끌어내는 사람과의 관계'는 절대로 계산된 방식으로 얻
어지지 않는다. 그것은 여러 가지 융합된 사내문화와 상호존중, 공
동의 목표를 달성하게 하는 책임과 신뢰, 즐거움, 리더십, 개방성
등등의 것들이 상호 조화를 이루어 거대한 분출구를 만들어 낼 때
가능해진다.

그럼에도, 열정 컴퍼니를 만드는 몇 가지 공식을 소개한다면, 리
더십과 팀Team 성과 분야의 컨설턴트인 존 카첸바흐의 저서 「열정
컴퍼니 Peak Performance」의 내용을 참고할 만하다. 이 책은 기업을
'최상의 열정 상태'로 만들고자 다섯 가지 방법을 소개하는데, 그
접근방식으로 사명, 가치, 자긍심을 통한 접근방식, 프로세스와 측

정기준에 의한 접근방식, 창업가 정신을 통한 접근방식, 개인적인 성취에 의한 접근방식, 인정과 축하에 의한 접근방식을 가이드 한다. 다소 이론적인 측면이 있지만, 이 열정을 향한 다섯 가지 접근방법은 결국 엔터플렉스EnterPlex: Entertainment Complexity의 복합어형 기업문화를 만들자는 것과 일맥상통한다. 그것은 근무환경과 동료 또는 팀과의 관계를 최대한 즐겁게 하고, 이를 통해 업무성취도를 높이며, 집단적으로 또는 개인적으로 이룬 성과에 대해 인정과 보상을 하고 상호 축하를 하는 조직분위기를 만드는 것이다. 이러한 문화는 집단이기주의나 배타적인 인재평가시스템을 사전에 차단하면서 자발적으로 경쟁력을 높이는 요인이 되기 때문에, 업무 성취도에 대한 보상 같은 것을 이차적인 문제로 만들어 버린다는 특성이 있다.

열정 컴퍼니는 미국의 KFC와 사우스웨스트항공, 그리고 국내 기업인 제일모직 등에서 적극적으로 도입, 활용하고 있는 '신바람 일터 만들기'의 경영 전략 중 하나라 할 수 있다. 공통으로 기업의 분위기를 'Fun'에 맞추고 있으며, 개방과 자유스러움, 상호존중, 신뢰 등등의 문화코드를 가지고 있다는 점에 주목할 만하다. '일을 최대한 즐기도록 하고, 그 속에서 스스로 가치를 찾도록 하는 것'. 어찌 보면 직원들의 열정을 자극하는 것은, 그리 어려운 일이 아니다.

13 직원이 살아야 회사가 산다

금융·재무분야의 중견기업인 시노부스 파이낸셜. 일찍이 포춘지가 '미국에서 가장 일하기 좋은 100대 기업' 중 하나로 선정한 바 있는 이 기업은 독특한 내부시스템으로 임직원들의 가치를 크게 향상시켰다. 시노부스 파이낸셜에는 EVP_{Employee Value Proposition: 종업원 가치 제안} 제도가 있다. 이 제도는 직원들의 업무성과와 보상, 근무환경, 복지 등에 대해 직원들이 느끼고 공유할 수 있도록 한 것으로, 궁극적으로 조직 내에 열정을 불어넣는 것이 목표다. 이러한 제도에 따라 시노부스 파이낸셜의 직원들은 다양한 분야에 걸쳐 자유로운 제안을 회사에 내놓는다. 직원들이 개진한 제안은 그 자체로 시노부스의 기업문화를 형성하기 때문에 누구든 서슴없이 아이디어와 토론을 즐기려고 하는데 이것이 EVP를 활성화하는 요인이 된다. 시노부스는 이를 통해 '최고경영자와의 대화' 나 '가슴이 있는 문화a Culture of the Heart', '문화적 신뢰위원회' 등을 운영하며 가치를 공유하고, 정보를 공유하여 상호 시너지를 높인다.

글로벌 기업들이 직원간 격의 없는 대화나 자유로운 토론 문화를 형성하는 데 크게 관심을 두는 것은, 궁극적으로 조직의 역량을 극대화하자는 취지가 숨어 있다. HP의 예를 보자. HP에는 이른바 'HP Way' 라는 널리 알려진 문화가 있다. 한 마디로 '격의 없이 자유로운 대화' 를 추구함으로써, 조직원간 시너지를 극대화하겠다는 전략이 담겨 있다. HP는 이런 문화를 생산, 판매, 마케팅 등 모든 부서에 적용한다. 아울러 부서의 문턱 자체를 없앰으로써 전 직원이 동등한 입장에서 일할 수 있도록 배려하고 있다. 부서의 문턱을 없애면 개방적 커뮤니케이션이 가능해지고 창의와 상상의 전이 효과도 빠르게 나타난다. 물론 이 과정에서 직원 개개인의 자기계발과 동기유발 효과가 극대화됨은 물론이다. 조직에 이런 현상이 발생하면, 그것만으로도 조직 역량을 크게 높일 수 있다.

오늘날과 같이 기업의 보유기술 정도와 시장개척 역량이 서로 엇비슷한 상황에서는 내부직원의 역량을 최대치로 높이는 것이 매우 중요하다고 할 수 있다. 많은 앞선 기업들이 '인정', '신뢰', '배려', '축하', '감사' 등 감성적인 기업문화를 중요시하고, 조직원의 마음가짐과 기본능력을 높게 평가하는 문화를 조성하는데 온 힘을 기울이는 것도 결국 열정을 통한 내부역량 강화가 시장의 경쟁력을 높이는 특효약이라고 보기 때문이다. 청소년들에게 인기가 높은 다국적 기업 KFC는 이런 이유로 아예 '인정'Recognition과 '축하'Celebration를 최고의 경영 덕목으로 꼽는다. 실제로 KFC의 경영진은 내부 직원을 외부 고객만큼 존중할 것을 종종 천명하고 다닌다. 기분이 UP된 직원들이 환한 얼굴로 고객을 대하는 것이 결국 기업의 매출을 크게 높여준다는 것을 경험으로 아는 것이다.

이에 반해 우리 기업은 아직 내부직원보다는 외부고객를 더 중시하고 있고, 내부적으로도 경직된 커뮤니케이션 문화에서 벗어나지 못함으로써 조직의 창의성과 조직원의 열정을 활성화하지 못하는 경향이 있다. 게다가 여전히 재충전Re-Fresh 시간은 적고 업무량은 반대로 많은 편이어서 직원들 처지에서는 회사에 출근해 업무를 보는 것이 지루하고 고루한 일상일 수 있다. 우리나 서구나 똑같이 성과를 중시하면서도 접근하는 각도의 차이 때문에 이런 큰 차이가 나오는 것이다. 오늘날은 글로벌한 시장에서, 글로벌 기업들과 경쟁을 해야 하는 시대다. 큰 기업들과 큰 경쟁을 벌이자면, 우선 임직원들에게 신나는 일터와 신명나는 기업문화를 만들어 줄 필요가 있다. 직원들이 신나는 표정으로 펄럭거리면, 회사가 "제발 좀 열정을 가져라."라며 따라다니며 훈계하지 않아도 기업은 저절로 산다.

14 속도의 경쟁 : 항상 빨리 달릴 수는 없다

모두가 앞만 보고 내달린다. '속도의 경쟁'에 몸을 담그지 않으면 도태된다고 믿기 때문이다. 하지만, 그 부작용도 만만치 않다. 일단 앞만 주시하다 보니 주변의 사물을 감상할 여유가 없다. 정서가 메마르면 자칫 건조한 결과만 남을 수 있다.

아들 녀석이 쓰는 컴퓨터가 고장이 난 적이 있다. 게임을 못 한다고 아우성을 쳐서 얼른 수리 기사를 불러 녀석의 요구를 들어주려는데 물건을 본 수리 기사의 말에 뒤통수를 한 대 얻어맞고 말았다.

"이 컴퓨터 정말 구형인데요. 요즘 이런 거 가지고는 게임 못해요. 한 마디로 수명을 다했어요."

컴퓨터는 아들 녀석이 초등학교 2학년에 올라갈 때 선물로 사준 것이었다. 불과 2년 만에 구형 컴퓨터가 되다니…. 순간적으로 "세

상이 이렇게 빨리 변하나?" 하는 탄식이 흘러나왔다. 결국, 아들놈
은 새 컴퓨터를 또다시 선물로 받고 말았다. 시간이 흘러, 이제는 6
개월 단위로 컴퓨터 관련 제품들이 쏟아져 나온다. 용산 전자상가
에 가면 실제로 6개월마다 제품이 물갈이된다는 것을 알 수 있다.
일부 제품은 한 달이 멀다 하고 신제품이 구제품을 대체한다. 6개월 단위로 경
쟁과 도태가 전쟁터처럼 반복되는 것이다.

비즈니스를 하다 보니 이런저런 모임에 자주 나가게 되는데 한번
은 모 협회 모임에 나갔다가 비슷한 경험을 하게 됐다. 필자의 휴대
전화를 본 옆자리 CEO가 "오래된 제품을 쓰시는군요."라고 말한
것이다. 이 역시 산 지 2년 전쯤 된 것이고 그동안 사용에 전혀 불
편을 못 느꼈는데 이런 '고물' 취급을 받으니 마음 한구석이 씁쓸
해진다.

지난 2006년 일본 자동차 회사 닛산은 '노트'라는 5도어 해치백
스타일의 다목적 차량을 불과 10개월 만에 출시했다고 해서 눈길
을 끈 적이 있다. 당시 언론에서는 과거 21개월이 소요되던 신차
개발기간을 절반으로 줄였다고 해서 기사를 이슈화해 보도했다.
이런 현상은 오늘날 비일비재하다. 휴대전화 부문에서 삼성전자에
밀리던 모토로라는 '더 얇고', '더 세련된' 휴대전화를 출시하느라
분주하고, 삼성전자 역시 이에 뒤질세라 하루가 멀다 하고 신기술
이 장착된 최신 기종을 속속 내놓고 있다. 트렌드를 고려한 듯 미
비즈니스위크는 '스피드가 기업의 생존 필수조건'이라는 표지 기

사를 내놓기도 했다.

'속도가 빠른 기업만이 생존한다.' 라는 인식은 이제 거의 굳어진 듯하다. 이쯤 되면 사용에 아무런 지장이 없는 휴대전화도 바꾸어야 하고, 종전보다 속도가 좀 느리다는 이유로 컴퓨터도 주기적으로 교체해야 한다. 결국, 속도의 경쟁이 끊임없이 소비를 창출하고 기업의 영속성을 보장하는 쳇바퀴 모양새를 만드는 것이다.

언제나 속도가 중요한 것은 아니다

이렇다 보니 '너무 빠르다.' 라거나 '느림의 미학' 등의 표현은 비즈니스 속성과 세태를 파악하지 못한 미숙한 발상으로 치부된다. 정말이지 '변하지 않으면 가진 것조차도 빼앗기는 시대'가 되었으니 '속도변화가 곧 생존' 이라는 대세의 논리에 끼어들 여지는 별로 없어 보인다.

하지만, 정신없이 앞만 보고 내달리다 보면 어떤 형태로든 '성장통' 을 겪을 수밖에 없고, 통증이 누적되다 보면 큰 질병이 유발될 수 있음도 알아야 한다. 오늘날 급성장을 거듭하고 있는 중국이 변방 근로자 평균 월급 30여만 원과 도시근로자 평균 월급 374만 원2008년 기준이라는 심각한 불균형 통증에 시달리는 것도 '속도' 를 선택함으로써 가져온 예측된 결과라고 할 것이다.

그렇다고 속도에 브레이크를 걸자고 하는 것은 아니다. 안타깝

긴 하지만 내달리지 않으면 생존을 담보할 수 없는 세상이니 부단히 경쟁자들을 앞서기 위한 차별화 노력과 스피드 경쟁을 끊임없이 벌여야 한다. 강조하고 싶은 것은 '속도에 밀려' 우리들의 정서까지 급하게 내몰지는 말자는 것이다. 비즈니스는 늘 혁신의 연속선상에 있고 그 속의 인재들도 혁신과 변화에 발 빠르게 적응할 수밖에 없지만, 그렇다고 모든 경우에, 모든 조직원이, 언제 어디서나 이러한 분위기에 도취해서는 안 된다. 어쩌면 우리는 변화가 빠를수록, 또 속도에 대한 스트레스를 더 강하게 받을수록 좀 더 유연해지고 감성적으로 변해야 하는지 모른다.

최근 전 세계 기업들은 '창의적으로!', '신선하게!' 등의 키워드를 슬로건에 끼워 넣는 분위기다. 보다 차별화되고, 보다 획기적으로 변화할 수 있는 속도의 경쟁을 위해 이렇게 변화하라는 것인데, 사실 앞만 보고 내달리는 상황에서 이러한 키워드를 내재시키기는 어려운 일이다.

하지만, 더 빨리 가자고 자전거 페달을 항상 빨리 밟을 수는 없다. 자전거처럼 그런 기업은 언제고 한 번쯤은 가동을 완전히 멈추는 위기를 맞는다. 당장 기업 경쟁 환경의 분위기를 맞추자고 속도를 강조할 필요는 없다. 그보다는 차라리 더 멀리 보고 어느 것이 기업에 궁극적으로 이득이 되는지 살펴봐야 한다. 필드에 선 운동선수처럼 필요한 부분에서는 온 힘을 다해 스퍼트를 내고, 불필요한 부분에서는 재충전하는 지혜가 필요한 것이다.

　우리의 머리는 매우 복잡하게 얽혀 있지만, 항상 익숙한 방향으로 생각하고 행동하려는 측면이 있다. 이러한 논리대로라면 혁신과 속도의 환경에 지쳐 있는 우리의 근로자들이, 예술가들이 가진 무한한 상상력이나 창의성을 흉내 내기란 참으로 어려운 일이다. 혁신과 변화, 속도에 빠르게 적응하려면 보다 유연하고 풍성하고 창의적인 사고가 필요한데 쉼 없는 속도의 환경에 처하다 보니 잠시도 눈을 돌릴 여유가 없다. 과녁을 빠르고 정확하게 꿰뚫자면 차분하고 안정된 상태에서 활을 쏘아야 한다. 그러자면 심정적인 강약 조절이 반드시 필요하다. 속도에 오리엔트Oriented 되어 있지만, 그럴수록 여유를 찾으라고 말하고 싶다.

15 보이지 않는 1%에 집중하라

보이는 것에 익숙해진 시대다. 사람들은 언제부턴가 눈으로 확인되어야 믿고 신뢰하는 버릇이 생겼다. 하지만, 보이지 않는 1%에도 각별한 노력이 필요하다. 특히 고객들은 늘 보이는 것보다 보이지 않는 신뢰를 중요시한다. 기업 경쟁의 원천도 기업과 고객 간의 신뢰에 있다고 보면, 이 1%를 어떻게 채우느냐에 따라 기업의 경쟁력은 크게 달라질 수 있다.

백만 분의 1의 에러를 잡는 6시그마 운동을 국내 기업들이 서둘러 도입한 때가 있다. 6시그마는 모토로라 등 선진기업에서 이미 검증된 제도로 생산단계에서부터 원천적으로 제품의 하자를 줄이도록 하는 것이다. 6시그마 운동의 취지와 효과는 대단하다. 백만 분의 1까지 비효율적인 것들을 찾아내 혁신하자는 것이므로, 그야말로 완벽한 제도, 서비스, 품질을 보장하게 한다. 하지만, 6시그마 역시 '눈으로 보이는 불량품' 을 찾아내는 데 그친다. 눈으로 보이는 제품과 서비스만으로는 고객을 감동시킬 수는 없다. 이제는 눈으로 보이지 않는 '무엇' 을 더 얹어주어야 한다. 세계 시장을 누비는 글로벌 기업들이 한결같이 '플러스 원' 을 외치는 것도 이와 무관치 않다.

고객을 감동시킬 수 있는 요소는 많다. 제품의 질과 가격, 서비스, 사후관리 등등. 하지만, 부족한 것들이 많다. 게다가 뭔가 빠진 듯한 느낌이 있다. 바로 보이지 않는 것들이다. 많은 기업이 친절이나 보상, 신뢰, 기타 고객감동의 다양한 서비스들을 내세우는 것도 사실 이런 이유 때문이다.

'모든 것은 두 번 만들어진다.' 농심데이타시스템 신재덕 대표이사의 말이다. 그는 우리가 하는 모든 행위나 행동은 두 번 만들어진다고 말한다. 일차적으로 만들어지는 것은 청사진이다. 무엇을 하겠다는 생각, 이미지, 머릿속에서 그려진 계획, 이런 것들이 여기에 속한다. 행동이나 결과물은 그다음의 이차적 산물로써 존재한다는 얘기다. 무엇을 하고자 할 때, 예컨대 고객을 위해 기분 좋은 행사 하나를 기획하고자 할 때 우리는 행사의 이모저모를 사전에 철저히 구상하고 계획한다. 이것은 준비단계이다. 계획과 구상은 보이지 않는 청사진이지만 행사의 골격을 이룬다. 이 청사진이 부실하면 행사는 형편없어질 것이다.

고객이 눈으로 보는 것에만 신경 쓰고 매달리는 기업은 결코 멀리 갈 수 없다. 보이지 않는 것에 신경 쓰는 회사가 그렇지 않은 기업보다 훨씬 고객들에게 어필한다는 것은, 꿈과 이상의 요소만으로 고객을 감동시키고 있는 세계적인 기업, 디즈니랜드를 보면 금세 알 수 있다. 이 회사가 고객에게 가장 가치 있게 선사하는 것은 꿈과 희망, 비전 같은 것들이지 거대하고 값비싼 선물이 아니다. 눈에 보이지 않지만, 이것이 얼마나 가치 있는 것인지, 디즈니랜드가 얼마나 훌륭한 일을 하고 있는지 고객들은 잘 안다.

직원으로서도 시키는 일과 주어진 일만 하려고 들면, 보이지 않는 것을 볼 수 없다. 반대로 주인의식을 가지고 능동적으로 매달리면 가치 있는 것을 볼 수 있다. 아울러 보이지 않는 1%를 찾아내려면 내 안의 감성도 끄집어내야 한다. 여기서 1%란 아주 작지만, 가치 있는 것을 의미한다. 회사, 제품, 서비스, 동료, 그리고 고객의 침묵 언어까지…. 이 모든 것들을 감성의 눈으로 바라보라. 그러면 충분히 보이지 않는 것들을 찾아낼 수 있다. 그러면 승리하는 것이다.

16 투명한 기업이 승리한다

재계에 '투명경영', '윤리경영' 이란 단어가 곧잘 등장하고 있다. 그동안 기업 내·외부에 관행처럼 굳어져 온 것들이 온갖 부패의 실마리를 제공하고 결국 이것이 기업 재무상황에 악영향을 미친다는 것이 확인되면서 이슈가 되는 것이다. 하지만, 더욱 궁극적인 원인은 투명하지 않은 기업을 소비자들이 더는 넘겨버리지 않고 있다는 사실이다.

이 땅의 기업 역사는 서구 기업들처럼 그리 오래되지 않았다. 그럼에도, 서구의 기업은 200년이 넘게 소비자들로부터 환대를 받는 사례가 많지만, 우리 기업은 고작 50여 년의 짧은 역사에도 참으로 많은 불신 덩어리를 만들어 냈다. 물론 서구의 기업이라고 해서 늘 환대 받는 것은 아니다. 일련의 기업경영 활동 과정에는 소비자들로부터 불신을 가져올 요소가 숱하게 있다. 문제는 생산 활동에서부터 소비 활동에 이르기까지, 기업 경영활동에서 어느 정도나 투명하게 운영되고 소비자들의 의견이 반영되느냐 하는 것이다. 대기업을 중심으로 소비자 평가제도 도입이 확산되고 있는 것은 이런 관점에서 매우 적절하다고 할 수 있다. 하지만, 투명경영은 이벤트성 기획으로 그칠 문제가 아니다. 여기서 더 나아가 기업 내부의 상황을 소비자들에게 더욱 솔직하고 진솔하게 알리는 상설 창구가 필요하고, 소비자들로부터 제기된 불만사항이 어떤 경로를 통해 얼마나 빠르게 처리되고 있는지를 투명하게 보여주어야 한다.

사실 기업의 투명경영 외침이 그리 가슴에 와 닿는 것은 아니다. 왜냐하면, 많은 기업이 그동안 입으로만 신뢰를 이야기해왔기 때문이다. 따라서 이제는 조직화되고 시스템화 된 투명경영의 '행동'이 이해할 수 있는 제도 아래에서 추진돼야 한다. 이제 기업 경영 환경은 좋은 제품을 가장 싼 가격에 공급하는 것만이 경쟁력이라고 말할 수 없게 되었다. 공공의 선과 공정경쟁이라는 기본적인 원칙이 작용하고 있고, 여기에 배치되는 기업은 언제라도 퇴출의 대상이 되는 세상이 되었다. 정보화의 발달과 인터넷 등 신新매체의 출현으로 기업 정보가 실시간으로 소비자들에게 열람되고 있고, 최고경영자와 종사자의 윤리의식이 곧바로 비판의 대상이 되고 있다. 이것은 그동안 제품의 질과 가격으로 기업이 평가받고 이에 따라 경쟁력이 판가름나던 과거와는 판이한 잣대이다.

영국의 경제평론가인 찰스 핸디Charles Handy는 그의 책 「헝그리정신 The Hungry Spirit」에서 이 같은 새로운 잣대에 대해 이야기하고 있다. 그는 "보다 성숙한 사회로 가는 길은 공동체의 이익에 봉사하는 민주적 가치관을 지닌 자본주의적 사고이며 돈은 중요하지만 성공의 채점표가 될 수 없고, 행복의 필요조건은 되지만 충분조건은 못 된다."라며 시장논리의 그릇된 적용을 주의하라고 말한다.

그는 또 "이제는 소비자들이 '기업이 어떻게 돈을 쓰는가?' 에 관심을 둔다."라며 기업이 벌어들인 돈을 어떻게 재분배하느냐가 초점의 대상이 되었다는 것을 강조하고 있다.

궁극적으로 오늘날에는 책임이 깃든 기업의 윤리가 중요한 기준이 되었다. 지난 20세기 초 미국의 경제공황 극복을 역설했던 라인홀드 니버Reinhold Niebuhr가 기업들에 '책임적 자아' responsible self를 주문하면서 이것이 결국 '책임적 사회' responsible society를 만들 것이라고 강조한 대목도 이와 다르지 않다. 이제는 우리 기업인들이 자신들이 주체가 아니라 소비자들이 주체라는 인식을 하고, 변명과 핑계보다는 진실과 신뢰로 무장하여야 한다. 이것이 우리 기업을 장수하게 하는 유일한 방법이 될 것이다.

17 잘 되는 기업은 풍(風)이 다르다!

가풍家風, 사풍社風, 국풍國風에 대해 음미해 보자. 모름지기 뼈대가 잘 서 있는 집안치고 가풍 없는 집안이 없고, 잘 되는 기업치고 사풍 없는 곳이 없다. 국가도 나라의 기운風을 어떻게 조율하느냐에 따라 국운이 달라진다. 가장이든, 사장이든, 대통령이든 이 風을 잘 다스려야 한다.

風의 음미

발전과 성장은 분위기의 산물이다. 성장을 일굴 분위기 속에서 폭발적인 도약이 생기고 기운도 샘솟는다. 인류의 역사는 어쩌면 이 같은 흐름의 역사 속에서 지속적으로 발전을 꾀해왔는지 모른다. 모름지기 건실한 가정치고 가풍 없는 집안이 없고, 고성장을 추구하는 기업치고 신명 돋는 사풍 없는 곳이 없다. 국가도 마찬가지다. 선진국 반열에 올라선 국가치고 높은 정신과 문화 없는 곳이 없다. 제각기 잘 될 수밖에 없는 나름의 풍風 문화가 있는 것이다.

기성세대들은 「국풍 81」을 기억할 것이다. 한국신문협회와 KBS, MBC 양 방송사가 행사를 주최해 서울 여의도 광장에서 닷새 동안 대규모 문화행사를 개최한 것의 이름이다. 1981년 5월 28일부터 6월 1일까지 여의도 광장은 그야말로 축제의 분위기였다. 화려한 개막행사에 다양한 민속제가 펼쳐졌고 가요제, 연극제, 학술제 등의 행사가 대규모로 치러졌다. 당시 「국풍 81」은 젊은이들 사이에서도 폭발적인 인기를 끌었는데, 방송사가 광고·홍보를 집중적으로 한 탓에 말 그대로 전국적인 붐을 탔다. 당시 「국풍 81」은 가요제를 통해 이용과 같은 걸출한 가수를 배출하는 등 적잖은 성과를 내기도 냈다. 하지만, 쿠데타로 정권을 장악한 신군부가 여론을 호도하려고 계획한 행사였다는 점에서 비판이 쏟아졌다. 결국, 큰 바람몰이를 했음에도 신군부의 바람막이 행사였다는 점에서 실패작으로 낙인찍히고 말았다.

풍風은 문화요 정신이다. 이것은 가정, 사회, 국가 어느 것에나 똑같이 적용된다. 문화는 올바른 방향에서, 올바른 정신으로 기획돼야 하고 건전하게 행해져야 한다. 그래야, 올바른 결과를 건질 수 있다. 그런데 더 큰 문제는 우리 사회에 풍風 문화가 점차 사라지고 있다는 데 있다. 가풍家風이 사라지고 있고, 사풍社風이 사라지고 있다. 또 의도가 어떻든 국가의 리더가 주도하는 국풍도 더는 찾아볼 수 없게 됐다. 역사의 흐름에 맞춰 가정과 기업, 국가 속에서 뭔가 끊임없이 행위들이 이루어지고는 있는데 그 정신과 문화의 자취를 찾을 수 없다.

아쉬운 風 정신

집을 이사하면서 TV와 비디오가 차지하던 거실을 서재로 바꾼 적이 있다. 바꿨다고 하지만 TV와 VTR 이 자리한 대칭 벽면 전체를 책꽂이로 만든 것인데, 이 날 이후로 가족의 風 문화가 완전히 달라졌다. 어른 아이 할 것 없이 거실을 '도서실' 로 활용하기 시작한 것이다.

기업에서도 風은 더할 나위 없이 중요하다. 지난 2001년 샌프란시스코 주립대학의 데이비드 마츠모토Dr. David Matsumoto 교수가 확인한 결과에 따르면, 20개 국가를 대표하는 52개 기업의 종사자들은 다음과 같은 공통된 생각을 하고 있다고 한다.

- 우리는 매우 성공한 기업에 종사하고 있다.
- 우리는 경쟁사를 물리칠 수 있는 명확한 전략이 있다.
- 우리 직원들은 잘 훈련되어 있고 업무기준을 충족할 수 있다.

- 우리는 해당 분야에서 세계 최고 조직들을 기준으로 품질과 실적을 평가받는다.
- 우리 기업의 조직은 부서 간 협력이 유기적으로 이루어지고 있다.
- 내 부서가 정한 실적 목표는 현실적이고 조직의 비전 및 사명과 일치한다.
- 종업원들은 부서와 조직의 실적에 대해 정기적으로 정보를 받는다.

다국적 기업의 종사자들이 조사 대상이었던 이 조사는 1990년대 초반 컨설턴트 앤디 밀리건 등에 의해 조직 조율 진단서OAS: Organization Alignment Survey로 개발되었는데, 품질과 서비스 수준뿐 아니라 조직의 비전과 사명, 문화DNA, 사풍社風 등 12가지 항목을 측정하는 것으로 되어 있다. 위의 조사 항목에서도 알 수 있듯이 직원들이 자부심뿐 아니라 사명감과 세부적인 업무에 관해서도 일정한 분위기가 형성돼 있음을 알 수 있다.

기업 측면에서 風은 3M과 같이 창의적 문화로 형성되기도 하고, 사우스웨스트항공과 같이 FUN 문화로 표면화될 수도 있을 것이다. 그러나 風은 단지 표출된 문화에 그치지 않고 그 기업의 이념과 정신을 읽게 한다는 점에서 큰 가치를 지닌다. 현상만 쫓고 정신은 내팽개치는 것은 진정한 사풍社風이 조성되었다 하기 어려울 것이다.

아쉬운 風 리더십

유능한 리더는 대략 다음과 같은 자질의 소유자라고 한다.

최고경영자의 자질과 능력

- 우수한 두뇌 brain
- 교육을 받은 자 education
- 수완이 있는 자 tact
- 정력이 있는 자 energy
- 담력의 소유자 grit
- 판단력이나 상식이 풍부한 자 judgment
- 정직한 사람 honesty
- 건강한 사람 health

뛰어난 리더는 자신의 이런 자질을 활용해 조직에 뜨거운 바람風을 불러일으켜야 한다. 기실 바람몰이문화조성를 잘하는 리더가 좋은 성과도 거둬들이지 않는가. 사회적으로 보면 이제 과거 국풍國風과 같이 국토를 뜨겁게 달굴 이벤트는 월드컵이나 미 쇠고기 촛불집회와 같이 사회적 이슈가 집중된 경우가 아니고선 여간해서 재현이 쉽지 않아 보인다. 개인화가 급진전 됐고 사회가 복잡·다양해졌으며 경제·사회적 민주화가 정착된 탓이다.

그러나 여전히 국가의 리더십이 필요하고 기업과 사회의 리더십이 절실하다는 점을 고려할 때 우리의 風 문화는 계속될 필요가 있다. 그래야, 국가와 사회, 그리고 가정이 건전한 상식과 올바른 기준 속에 즐거운 문화를 계속해서 꽃피워 나갈 수 있다. 특히 물질이 정신을 앞선 요즈음의 세태를 바로잡으려면 風은 거세게 일어나야 한다. 후대에 물려줄 우리 시대의 올바른 정신과 문화를 위해서도 風 문화는 뜨겁게 일어서야 한다.

18 CEO는 이런 사원을 좋아한다?

기업경영에서 '人事가 萬事' 라는 말은 그야말로 오랜 진리이다. 인재를 채용하고 양성·관리하는 것이 인사관리시스템으로 손쉽게 가능하고 흡족한 수준의 연봉만으로 해결되는 것이라면 얼마나 좋겠는가? 사람의 마음은 갈대와 같아서 어떤 시스템으로도 해결할 수 없는 부분이 있기 때문에 어느 분야의 경영자에게나 인사 문제는 아킬레스건일 수밖에 없다.

분명한 것은, 어떤 조직에서나 나름대로 환경에 적응하려는 직원들이 있기 마련이고, 기업은 이런 직원들에 의해 생존을 보장받으며, 경영자도 나름의 기준과 시각에 의해 좋아하고 싫어하는 타입의 사원을 구분한다는 점이다. 이런 점에서 경영자들이 어떤 타입의 사원을 좋아하고 싫어하는지를 파악하는 것은 매우 흥미로운 일이다.

현재가치 직원 VS 미래가치 직원

직장인 대부분은 CEO가 이성적이고 합리적으로 행동한다고 믿고 있고, 일정 부분 CEO라고 하는 자리가 이런 행동 양식을 만든다는 점도 맞는 것 같다. 그런데 CEO도 감정적인 동물이라서 어느 정도는 경영에 감정을 개입시킬 수밖에 없다. 사업을 하면서 아무리 큰 이익이 생겨도 한 번 감정이 틀어지면 거래를 성사시키기 어려워지더라는 한 CEO의 말처럼, 때로는 이익을 떠나 판단하게 되는 부분이 있는 것이다.

그런데 CEO가 직원을 바라보는 데도 이 같은 배경이 어느 정도 작용하게 된다. 이의 대표적인 것이 개별적인 가치평가 기준이 되는 '현재가치' 와 '미래가치' 가 될 것이다. 많은 경우 기업은 특정 직원의 현재가치를 기준으로 연봉을 책정하고 협상한다. 그러나 더욱 현명한 CEO들은 현재가치보다 미래가치를 더욱 중요한 잣대로 삼는다. 물론 현재 대부분 인사시스템은 미래가치를 산출할 여러 잣대나 기준을 마련하고 있지 못하고 있고, 이 때문에 미래가치는 큰 변수로 작용하지 못하고 있다. 그러나 현명한 CEO들은 당장 기업을 이끌고 가는 직원들보다 기업을 미래에 옮겨다 놓고 계속해서 가치를 증대시키는 브레인이 결국 회사를 성장시킨다고 생각한다.

직원을 판단하는 한 가지 잣대

　필자는 야근문화가 별로 좋지 않다고 생각한다. 업종과 직종에 따라 차이가 있겠으나, 업무량이 어떻든 주어진 업무를 정해진 시간 내에 처리하는 것도 직장인들에게 필요한 하나의 능력이라고 생각하는 까닭이다. 하지만, 땡! 퇴근하는 직원도 그다지 좋아하지 않는다. 예컨대 퇴근시간 5분 전후로 매번 정확하게 하루 일과를 종료하는 직원이 있다면, 그 직원은 능력이 매우 뛰어나거나, 오늘 처리할 일을 내일로 미루는 습관이 있거나 둘 중의 하나이다. 그러나 상황에 따라 업무량에 따른 변동이 있을 수 있으므로 항상 퇴근시간에 맞추어 업무가 끝날 수는 없을 것이다. 따라서 자동화된 생산라인의 기계가 퇴근 시간에 맞추어 정지하도록 프로그램이 되어 있지 않은 한, 정시에 맞추어 업무가 종료된다는 것은 있을 수 없다. 만약 현명한 직장인이라면, 그날의 Re-Fresh를 위해 업무 종료 시간을 스스로 조정할 것이다. 예컨대 퇴근 시간 이전에 업무가 종료되도록 처리한다든가, 잔여 업무가 퇴근시간에 처리할 수 없는 것이라면 다음날로 미루어 보다 신중하게 처리하려고 할 것이다.

　그런데 비즈니스란 연속선상에 있고, 오늘 처리하여야 하는 일이 있기 때문에, 다음날로 도저히 미룰 수 없거나, 미루어서는 안 되는 경우가 있다. CEO들은 이럴 때 직원들이 어떻게 생각하고 행동하는지를 주시한다. 만약 늦더라도 오늘 해야만 하는 업무를 퇴근시간이 늦었다고 해서 다음날로 미루는 직원이 있다면 현재가치는 몰라도 미래가치는 형편없다고 생각할 것이다.

기업은 반드시 발전과 성장을 동반해야만 하고, 성장 없이 정체된다는 것은 곧 시장에서의 도태를 의미하는 것이기 때문에 현재가치가 제아무리 높아도 미래가치가 없다면 이미 생명력을 다했다고 할 수 있다. 많은 초일류기업이 기업 경영 활동이 최고조에 달했을 때 위기관리에 착수하는 것도, 현재가치보다 미래가치를 더 소중하게 생각하기 때문이다. 이런 배경에서 볼 때 기업의 입장에서 현재 몸값이 높은 직원보다 미래에 몸값이 높아질 수 있는 직원에게 관심이 가는 것은 당연한 일이다.

기업이 한 명의 직원에게 배당하는 업무는 처리할 수 있는 능력의 120%라는 것이 정설이다. 이는 처리할 수 있는 능력의 한계에서 20%가 웃도는 것이지만, 기업 경영 패턴으로 보면 이 정도가 되어야 기업 활동이 정상적으로 이루어진다고 보는 것이다. 그리고 실제로 직장인 대부분이 이 수치를 맞추고 있다. 미래가치를 이야기하는 것은 많은 직원이 이 120%를 처리하거나 그 이하를 밑돌고서 "충분히 할 일을 다했다."라고 말하기 때문이다. 그러나 CEO의 관점에서 이러한 직장인들의 업무능력은 '여기까지' 이다. 그 이상의 잠재력을 기대할 수 없다고 보는 것이다. 실제로 120% 이하를 처리하는 직원들은 늘 "일이 많다."라고 얘기하고, 업무가 추가로 주어지면 "더는 처리할 수 없다."라고 당당하게 얘기한다. 앞서 말했듯이 이러한 직장인들은 '여기까지'이다.

CEO가 어떤 미래가치의 직원을 좋아하는지는 이 외에도 여러 가지 잣대가 있을 것이다. 중요한 것은, 누가 현재뿐만 아니라 미래에도 회사를 이끌어 갈 수 있는 인재인가 하는 점이다. CEO 대부분은 이런 점에서 미래지향적인 마인드를 지닌 직원들을 좋아할 수밖에 없다. 왜냐하면, 기업이 영속적인 경쟁력을 지니고 발전하길 바라고, 그러한 인재들로 조직이 풍성해지기를 바라기 때문이다.

19 창조적인 인재가 돼라

세계적으로 성공한 기업들에서 나타나는 공통점이 있다. 바로 성공할 수 있는 그만의 아이디어가 있었다는 점이다. 이 것은 성공한 개인에 있어서도 마찬가지이다. 남과 다른 독특한 차별화가 성공의 열쇠가 된 것이다. 창의력은 직장인들에게 있어 절대적으로 필요하다. 만약 상사로부터 주어진 업무는 잘 처리하지만, 스스로 업무 효율성을 높이는 방법을 찾아내지 못한다든가, 오랫동안 같은 업무를 처리하면서도 생산비를 절감하는 별다른 아이템을 한 번도 내놓지 못했다면, 앞으로의 직장생활이 평탄치 않을 것이라고 봐도 틀리지 않다.

업무에 보탬이 되거나 자신을 성공으로 이끄는 어떠한 아이템은 '순간적으로' 다가서는 경우가 많다. 하지만, 이것은 절대 '우연히’ 찾아온 것이 아니다. 창의력을 높이는 평상시의 노력에 따라 이러한 기회가 다가오는 것이다.

과거 ‘공무원은 철밥그릇’이라는 말이 나돌 시절, 많은 이들이 공무원을 매우 안정적인 직업이라고 생각했다. 하지만, 창의적인 직업이라고는 생각지 않았다. 과거에는 이렇게 ‘철밥그릇’이라는 용어대로 굳이 창의력을 겸비하지 않아도 꼬박꼬박 월급을 탈 수 있었기 때문에 별문제가 없었다. 그러나 오늘날에는 상황이 매우 달라졌다. 공무원이나 민간기업에 종사하는 직장인이나 업무 효율을 크게 높이지 못하거나, 조직에 이바지할 아이템을 계속해서 내놓지 못한다면, 얼마 안 가 빈 월급봉투를 받게 될 것이다.

시대를 리드하는 능력을 키워라

혹시 이미 두뇌가 딱딱해져 더는 창의성을 발휘할 수 없다고 생각하는가? 만약 그렇다면 창의력을 증진시키는 한 방법인 ‘마인드 맵핑’ Mind Mapping에 대해 관심을 둬 보라. 마인드 맵핑은 창의적인 아이디어를 효과적으로 도출하게 하는 전문적인 방법이라고 할 수 있다. 굳어진 사고를 하는 소유자들일수록 이 방법을 사용해 보라고 권하고 싶다.

마인드 맵핑은 정리정돈이 안 된 두뇌 속의 여러 사고를 보다 체계적으로 정리해주는 방법인데, 여러 기업에서도 도입해 사용하고 있는 기법이다. 먼저 머릿속의 복잡한 것들을 모두 꺼내 이미지화 해보자. 이것은 머릿속의 지식이나 생각을 이미지로 만듦으로써 여러 가지 효과를 거둘 수 있다. 예컨대 두뇌 활동을 조직적이고 체계적으로 만들어 보다 자연스럽게 창의력을 키울 수 있다. 아울러 거미줄처럼 엉킨 생각들은 하나의 지도를 그리듯이 연상함으로써 많은 것을 손쉽게 이해할 수 있도록 도와주며, 이를 통해 기억력, 창조력, 집중력, 독창성 등을 향상시킬 수 있다. 마인드 맵핑은 조직 내의 첨예한 경쟁 환경에 노출된 개개인의 역량을 향상시키고 이것이 부서와 팀의 경쟁력을 향상시킴으로써 집단 창의력 향상을 도모하게 한다. 그러나 이를 위해서는 개인뿐 아니라 조직 전체에 창의력에 대한 인식 재정립이 우선되어야 한다.

간혹 신문지상을 통해 큰 기업의 매출에 버금가는 개인 한 사람의 엄청난 매출에 놀라게 되는 경우가 있다. 실제로 특정 분야에서 개인이 수백 또는 수천 명보다 뛰어난 경쟁력을 자랑하는 사례가 적지 않다. 그런데 그 성장의 다큐멘터리를 들어보면 그만의 분명한 성공 아이템이 자리 잡고 있다는 것을 알고 놀라게 된다. 만약 어떤 기업에 이렇게 잠재 능력이 뛰어난 인재들로 꽉 채워져 있다고 가정해 보자. 그 기업은 분명히 폭발적인 경쟁력을 구사하게 될 것이다. 창의성은 이렇듯 개인의 성공을 위해서도 매우 중요한 일일 뿐 아니라 소속된 기업 전체에 있어서도 더할 나위 없이 중요한 것이다. 초일류기업으로 유명한 3M의 전 직원이 모두 자발적으로 아이디어를 회사에 제출한다는 사실을 상기할 필요가 있다.

　역사는 인간의 끊임없는 창조에 의해 발전하는 것이다. 그래서 창조를 만드는 직장인들, 창조적인 인재를 보유한 기업은 늘 역사의 주인공이 되었다. 나의 성공과 조직의 발전을 리드할 것인가, 아니면 언제고 환경이 변할 이 자리에서 주저않고 말 것인가를 고민해보자. 분명한 것은 이제까지의 굳어진 사고에서 벗어나 늘 새로운 깨달음을 얻어야 한다는 것이다. 이것은 첨예화된 오늘날의 경쟁 환경에서 피할 수 없는 선택이기도 하다.

20 한계점을 돌파하라!

성공한 이들에겐 공통점이 있다. 끊임없이 도전하는 강인한 정신이 있다는 것이다. 일본 재계의 노장 격으로 오늘날 일본 경제를 일으켜 세운 장본인 중 한 사람으로 불리는 마쓰시타 고노스케는 언론과의 인터뷰에서 "나는 단 한 번도 실패한 적이 없다."라고 말한 적이 있다. 실패란 누구에게나 한 번쯤 있게 마련이고, 사실 그 역시 전 인생을 통틀어 실패한 경험이 한 번쯤은 있을 것이다. 그럼에도, 당당하게 "실패는 없다."라고 말하는 것은 무슨 연유인가?

고노스케는 "실패한 곳에서 포기하면 곧 실패가 된다. 하지만, 성공을 이룰 때까지 방법을 찾아 밀고 나가면 이것은 실패가 아니다."라고 말한다. 즉, 실패를 했더라도 성공을 위한 방법을 계속해서 찾고 도전한다면 실패가 아니라는 것이다. 세계를 호령하는 유명 경영인들의 면면을 보면 고노스케와 같은 무한도전의 정신에 감동하게 된다. 이들의 정신은 강철과 같아서 기업가라기보다는 고도의 훈련을 받은 정상의 스포츠맨을 보는 듯한 인상을 풍긴다.

오랜 시간이 흘렀고 기업가가 아니면서도 경영학 교과서에 올라 오늘날까지 교범이 되는 인물도 있다. 1914년 27명의 탐험대원을 이끌고 남극대륙 횡단에 도전한 탐험대장 새클턴은 재계에 '새클턴 스토리'의 주인공으로 더 유명하다. 새클턴은 탐험선을 타고 남극대륙에 도전하다 최종 목적지를 1,500㎞ 남겨두고 얼음 속에 갇히게 된다. 기온이 급강하한 데다 부빙浮氷·얼음 덩어리 때문에 옴짝달싹 못하는 처지가 됐다. 탐험대는 죽음의 공포에 시달리며 절망적인 상황에 비관하였는데, 오늘날 경영학도들의 교범이 된 탐험대장 새클턴의 리더십은 이 상황에서 빛을 발했다. 극도의 공포에 휩싸인 대원들을 이끌며 침착성을 잃지 않고 모두가 '생존'을 향해 나아갈 수 있도록 단련시키면서, 결국 18개월간의 역경을 딛고 전원이 무사 생환하는 데 결정적인 역할을 한 것이다. 그는 가장 추운 곳에서 잠을 자며 가장 역겨운 음식들을 먹어가며 동료를 이끌었다. 어려움 속에서도 솔선수범을 잃지 않고 아량을 베풀었으며, 팀원들이 공동의 목표를 잊지 않고 앞으로 나아가도록 독려했다.

상상을 초월하는 이 역경 스토리와 새클턴의 리더십 이야기는 훗날 대원들의 피나는 투쟁과정을 생생하게 사진으로 기록해둔 사진

작가에 의해 감동적인 다큐멘터리가 됐다. 그리고 새클턴은 '지난 1,000년 동안의 최고의 탐험가 10인' 중 한 명으로 마르코 폴로, 마젤란, 아문센 등과 함께 최고의 영웅으로 추대되었다.

스스로 기회를 만든다!

새클턴의 사례에서처럼 스페셜리스트들은 주어진 상황이 어떠하든, 그곳에서 반드시 기회를 만든다. 이들은 늘 목표를 달성하는 데 굶주려 있으며, 모든 상황은 더 나은 방식과 개선책이 있다고 믿어 의심치 않는다. 반면, 아마추어들은 어떠한가? 실패한 사람들 혹은 현실에 안주하려는 사람들은 개선책을 찾기보다 "이 방식이 가장 좋아." 하며 나름의 방식을 고집하거나 안주하려 든다. "틀림없이 더 좋은 방법이 있을 거야." 라는 질문을 하기 이전에 "다른 사람에 비하면 잘한 편이야." 하며 자신을 독려하기도 한다. 성공하는 사람은 어떠한 문제든 끝까지 추구하려고 하는 데 반해, 실패하는 사람은 방황하고 중도에 포기하려고 하는 특성이 있다. 고노스케의 말처럼 실패의 한계점에서 다시 도전하느냐, 방황하느냐에 따라 프로 근성이 엇갈리는 것이다.

많은 이들이 스스로 기회를 만들어 그 기회의 성공 위에서 대중들로부터 칭송받기를 원한다. 하지만, 이러한 대열에 있는 이들은 단숨에 성공의 발판에 오른 것이 아니다. 실패의 상황에서 더욱 강

인해지고, 모든 상황을 긍정적으로 바라보며, 이를 적극적으로 추
진하는 사고와 행동을 지닌 이들이 이 대열에 있는 것이다.

약 80%의 사람들은 안전성 희구 욕구 때문에 부정적인 생각을
하게 된다고 한다. 하지만 '프로페셔널'의 소리를 듣는 사람들은
실패의 환경에서도 다시 일어서는 강인한 욕구와 집념을 불태운
다. 상위 1%의 리더에 의해 조직이 움직여지고 더욱 풍요로워지는
것처럼, 세상은 스스로 기회를 창출하는 이런 프로페셔널에 의해
살맛나게 되는 것이다.

동량지재(棟梁之材)

동량지재棟梁之材라는 말이 있다. 집안의 들보나 기둥과 같이 든든하기 그지없는 큰 인재를 뜻하는 말인데 입신한 우리 사회의 리더들이 곱씹을 필요가 있어 보인다. 큰 성공을 이뤄 부러움의 대상인 CEO들은 많다. 하지만, 동량지재와 같은 재능과 덕목으로 대중들로부터 존경받는 위인은 점점 사라지는 세상이다. 스스로 리더라 칭한다면 이 동량지재의 덕목에 얼마나 들어맞는지 점검해 볼 일이다.

전통 가옥을 보면 마룻대가 서까래를 지탱하며 집의 횡을 받쳐주는 것을 볼 수 있다. 흔히 '마루' 라고 하면 지붕이나 산의 꼭대기를 일컫는데 이처럼 마룻대는 집의 상단부를 받쳐주는 긴 막대가 된다. 마루 중에서도 가장 으뜸은 '용마루' 라고 한다. 용마루는 집의 상단부에서 옆으로 뻗어 올라 풍채를 웅장하게 해주는 꼭대기 부분의 마루를 말한다. 집은 이처럼 마루와 서까래, 그리고 들보와 기둥이 두루 어우러져 하나의 거대한 양식을 이룬다. 반면 들보는 기둥과 기둥 사이의 긴 막대로서 집을 받쳐주는 중요한 기능을 하는 것인데 들보 중에 가장 듬직한 것은 두말할 나위 없이 대들보가 된다.

집을 지으려면 마루와 서까래, 기둥, 들보가 모두 필요하다. 동량지재棟梁之材는 이처럼 두루 어우러진 집의 구성 재료 중에서도 들보나 기둥이 될 만한 큰 인재를 일컫는다. 삼국유사에 보면 원효와 신라 태종 무열왕의 동량지재에 얽힌 이야기가 나오는데, 원효가 "누가 자루 없는 도끼를 빌려 주겠는가? 나는 하늘을 받칠 기둥을 찍으련다."라고 노래하는 것을 듣고 무열왕이 "귀부인을 얻어 훌륭한 아들을 낳고 싶어 하는구나. 나라에 큰 현인이 있으면 그보다 더 이로움이 있겠는가." 하였다 한다. 원효가 말한 '자루 없는 도끼' 란 요석궁에 살고 있던 과부 공주를 이름이고 '하늘을 받칠 기둥' 은 동량지재를 뜻하는 것이었다. 무열왕은 원효가 비범한 사람임을 알고 그를 궁으로 유인했는데 이렇게 해서 원효와 공주 사이에 태어난 인물이 바로 설총薛聰이다.

집의 골격을 이루고 지탱하는 동량지재棟梁之材 같은 위인이 작금의 시대에는 얼마나 존재하는지 점검해 볼 필요가 있겠다. 큰 부를 이뤄 부러움을 한몸에 받는 사람은 많은데 진정으로 국민에게 존경받고 추앙받는 이는 얼마 안 되는 것 같아 씁쓸하다. 존경받고 신임받는 CEO는 보스가 아닌 리더가 되어야 한다. 동량지재를 양성하고 발굴하여 대우할 줄 알고 정성껏 자양慈養하여 조직 전체를 존경받는 곳으로 만들 줄 알아야 한다. 동량지재를 얻을 배필을 스스로 고른 원효나 그의 출중함을 알고 적극적으로 후원해준 무열왕처럼 스스로 동량지재의 그릇을 닦을 필요가 있겠거니와 핵심 참모들도 이러한 인재로 만들어야 한다.

기업이 잘 되고 나라가 잘되려면 동량지재의 리더와 참모가 두루 존재해야 한다. 기둥과 들보, 서까래 등이 모두 맞물려 좋은 집을 만드는 것처럼 각자의 위치에서 제 역할을 듬직하게 처리하는 인재들이 두루 존재할 때 기업과 나라가 잘 될 것이다. 그러자면 무엇보다 리더가 존경받는 동량지재로 거듭나 구성원들이 건강한 관계를 유지하여 제 역할을 할 수 있도록 해주어야 한다. 아울러 리더를 보좌하는 참모들도 스스로 동량지재로 거듭나야 한다. 기업현장에 비유하면 중간관리자급 이상은 모두 마루와 들보 역할을 하는 핵심 인재들이라고 봐야 한다. 이들 한 명 한 명의 존재는 집을 떠받치는 마루나 들보와 같다. 하지만, 조직을 부정적으로 바라보고 불평불만으로 집의 구조를 허물어버리는 경우가 적지 않다. 모두가 제 위치에서 자각해야만 한다.

갤럽의 연구원인 마르쿠스 버킹햄과 커트 코프만이 내놓은 연구 결과를 보면 구성원들은 기업이 제아무리 혁신적이라 해도 리더가 싫으면 과감하게 이직한다고 한다. 반면 회사 환경이 그리 좋지 않더라도 훌륭한 리더들이 존재한다면 계속 근무하고 싶어 한다고 한다. 따르고 배울만한 선배들과 리더들이 많을 때 금전적인 것 이상의 기대감을 얻는다는 얘기다.

미국의 투자전문지 배런스Barron's는 매년 '세계에서 존경받는 최고경영자 30인'을 선정, 발표한다. GE의 제프리 이멜트Jeffrey R. Immelt 회장, P&G의 A.G. 래플리A.G. Lafley 회장, 웰스파고의 리처드 M. 코바세비치 등이 포함됐는데 우리나라에서는 윤종용 삼성전자 고문이 2년 연속 명단에 포함된 바 있다. 그런데 배런스의 선정 기준은 해당 기업의 경쟁력 지표예컨대 수익 성장률, 주가 상승률, 산업위상 등를 중심으로 평가한 것이기 때문에 경영을 잘한 CEO임은 틀림없지만 존경받는 CEO의 면면을 발표했다고 보기는 어렵다. 리더십 항목이 측정지표로 포함되어 있기는 하지만 인성과 품성, 그리고 덕으로써 추앙받는 '존경받는' 이라는 의미와는 분명히 거리가 있다.

사람을 존경하는 마음은 아내가 남편을 존경하여 눈 위로 밥상을 받들어 올린다는 거안제미擧案齊眉와 그 크기가 태산이나 북두성과 같아 절로 존경하고 따르게 된다는 태산북두泰山北斗, 그리고 따르기는 하되 존경하는 마음은 없는 견마지양犬馬之養의 세 가지 유형이 있다. 기업과 나라에 큰 역할을 하는 대들보와 용마루는 이 시대에 많다. 하지만, 이들의 존경 유형이 어느 것에 해당하는지는 한번 곰곰이 생각해 볼 일이다. 경제력과 권력 때문에 마음 없이 따르기만 하는 견마지양의 동량지재들로 조직이 북적이지는 않은지 따져

보고 올바른 그릇들이 넘쳐나도록 분위기를 바꾸어야 한다. 제2, 제3의 설총을 얻기 위한 지혜와 전략을 짜야만 한다.

22 직원들을 몰입하게 하라!

잘 나가는 회사에는 그들만의 특이한 제도가 있다. 우리가 잘 아는 마이크로소프트의 '사고 주간' Think Week도 그 중 하나다. 빌 게이츠는 1년에 두 번 자신의 별장에 들어가 집중적으로 사고하는 시간을 갖는 것으로 유명하다. 빌 게이츠 외에도 마이크로소프트의 모든 임원들이 이런 사고 주간을 갖는다고 하는데 사고 주간 동안에는 하나의 문제에 집중하는 것이 원칙이다.

MS와 함께 IBM도 '생각'을 중시하는 것으로 알려졌다. IBM은 'Think Smart'를 경영 철학으로 삼는다. 따라서 직원들은 생각하고 토론하고 관찰하라는 주문을 귀가 따갑도록 듣는다. 생각하고 관찰하고 토론을 끊임없이 하는데 개선되지 않을 문제는 없을 것이다.

　MS도 그렇지만 자유롭게 출퇴근을 할 수 있는 글로벌 기업도 많다. 이들 회사에서 '이제 시간이 됐다.'라는 이유만으로 일을 시작하고 퇴근한다는 것은 아무런 의미가 없다. 기본적으로 그렇게 해서 무슨 능률이 오르겠느냐고 생각한다. 이들 기업의 공통점은 직원들이 매우 편안하게 회사에 다닐 수 있도록 배려한다는 점이다. 형식보다 실질적인 것에 가치를 두면서 '편안한 상태에서의 집중'을 유도하는 것이다. 사실 시간이라는 것은 물리적인 제약에 불과하다. 이에 반해 사람은 무언가에 집중하고 몰입하는 데 제각기 개인차가 있다. 그러니까 개인별로 자신이 집중하고 몰입할 수 있는 시간에 일하면 되지, 물리적으로 같은 시각을 적용하는 것은 효율과 능률을 중시하는 비즈니스 정신에 배치된다고 보는 것이다.

　중요한 것은 직원들이 얼마나 일에 집중하고 몰입하는가 하는 것이다. 사고 주간을 갖고, 출퇴근 시간을 자유롭게 하는 것 등은 이런 집중과 몰입 효과를 극대화하려는 하나의 장치다. 실제로 직원 대부분은 하루 8시간의 모든 업무시간에 똑같은 강도로 집중하고 몰입할 수 없다. 파레토 법칙대로 하루 20% 정도의 업무 시간에 집중해서 80%의 효과를 보는 것이다. 사실 기업은 직원들의 20% 시간만 잘 관리해도 상당한 효과를 볼 수 있다. 실제로 측정해 보라. 뜻밖에 상당수의 직원이 이 20%의 시간조차 제대로 관리하지 못하고 집중하지 못한다는 사실에 놀라게 될 것이다.

　앞선 기업들은 이 집중과 몰입의 시간을 극대화하려고 '최대한 편안한 상태' Trust한 상태를 만들어준다. 복장에서부터 사무 분위기의 개선 등 할 수 있는 모든 아이템을 동원한다. 'Trust한 상태' 란 파자마 차림으로 소파에 최대한 편안하게 누워 오징어를 질겅질겅 씹으면서 TV를 보는 상태를 말한다. 그러니까 자신을 그런 상태에 놔두는 것을 말한다. 인간은 이렇게 아무런 간섭도 없는 편안한 상태에서 고도의 창의적 아이디어를 쏟아낸다. 마이크로소프트는 이런 편안함을 위해 회사 내 모든 연구원들이 혼자서 사무실을 쓸 수 있도록 배려한다. 3M은 알려진 대로 업무 시간의 15%를 자유롭게 상상할 수 있도록 배려한다. 모두 직원들을 Trust한 상태에 내버려 두려는 의도다.

우리는 아이들을 교육할 때, 또 아이들의 미래에 대해 조언할 때 "네가 가장 좋아하는 일을 하라!" 라고 말한다. '가장 좋아하는 일', '가장 즐거워하는 일' 을 하는 사람을 당할 수는 없다. 그런 사람은 아무리 고도로 훈련된 테크닉의 경쟁자라도 도무지 두려워할 줄 모른다. 경쟁의 포인트가 사람이 아니라 자신이 지금 몰입하고 있는 '관심 분야' 이기 때문이다.

회사 내의 모든 인재를 '일을 좋아하게' 만들 수 있다면 매우 환상적이다. 하지만, 그것이 불가능하다면 집중하고 몰입할 수 있는 상태를 만들어줘야 한다. 그렇게 해주면 '스스로 즐기는' 최소한의 시간을 건질 수 있다. 창조적 아이템은 그렇게 해서 만들어내는 것이다.

23 CEO여 칼럼니스트가 되라

직장인들의 글쓰기 능력이 형편없다는 소리가 CEO들 입에서 자주 흘러나오고 있다. 이해하기 어려운 엉터리 문장에 기겁하는 것이다. 그러나 비즈니스맨의 글쓰기 부재는 하급직원에게만 해당하는 얘기가 아니다. 사회적으로 성공한 CEO들일수록 글쓰기를 잘한다는 보고가 있듯이 이제는 CEO들도 筆通스킬글을 통한 커뮤니케이션 능력을 겸비해야만 한다.

비즈니스 세계에서 글쓰기가 중요한 덕목으로 급부상했다. 창의력과 발표력 등 제한적인 범위 내에서 커뮤니케이션 능력을 평가하던 기업의 인재평가 기준이 인터넷과 이메일, 그룹웨어, 메신저 등 '전자적 글쓰기'의 업무환경 변화에 따라 'Writing'이라는 표현방식에 초점이 맞춰지는 것이다. 과거 기업의 글쓰기는 보고서나 제안서 등 업무문서를 작성하는 일부 관련부서 담당자들의 몫이었다. 그러나 오늘날 기업의 글쓰기는 부서와 영역을 가리지 않는다. 기획과 마케팅, 생산, R&D, 마케팅, 판촉, 구매, 물류, 법무 등 사실상 기업 내 모든 인적자원이 글쓰기를 터득해야 하는 시대가 된 것이다.

주목할 것은 기업 최고경영자들에게도 이 같은 글쓰기 역량이 필요하다는 점이다. 특히 기업규모가 커서 직원들을 일일이 직접 대면對面할 수 없는 회사일수록 CEO는 글을 잘 쓰는 칼럼니스트가 될 필요가 있다. CEO가 손수 보고서나 제안서를 쓸 일은 없겠지만, 말로 지시를 하는 것보다 글로 지시를 하는 것이 더 효과적인데다 직원과 직원가족, 고객사, 협력사 등에 전자우편을 보내거나 신문 칼럼 등을 쓸 때에도 Writing 기술이 절대적으로 필요하기 때문이다.

글쓰기는 선진국으로 갈수록 리더에게 꼭 필요한 덕목으로 인식되고 있다. 하지만, 우리 사회의 리더들은 글쓰기를 실무자들의 일로 치부하는 경향이 있다. 경영층으로 올라갈수록 의사결정의 권한이 크고 글쓰기가 의사결정을 도모하는 효과적인 수단이라는 점을 고려하면 CEO와 임원들의 글쓰기 역량은 이제 필수불가결한 요소로 받아들여져야만 한다. 이런 측면에서 재계의 지식층이 겸비할 수 있는 분야별 Writing Skill을 다음과 같이 소개한다.

CEO여 편지를 써라! – 직원에게 보내는 편지글 작성법

한 중소기업 CEO가 300여 명의 직원에게 크리스마스카드를 일일이 손으로 적어 발송했다. CEO에게 이 일은 팔목이 시큰거릴 만큼 고된 일이었지만 효과는 기대 이상으로 컸다. 평소 잘 따르지 않던 직원들까지 CEO의 인간적인 면을 발견하고는 그의 충복이 된 것이다. 직원 또는 외부 고객에게 편지를 쓰는 CEO들이 점점 느는 추세에 있다. 대우정보시스템 정성립 회장이나 63시티의 정이만 사장 등은 '편지경영' 의 효과를 톡톡히 보는 대표적 사례다. 이제 CEO는 앞서 예를 든 중소기업 사장과 같이 육필까지는 아니더라도 자신의 필법筆法으로 직원과 고객에게 다가서고 감동시킬 줄 알아야 한다.

오늘날의 편지글은 이메일 등 전자문서로 작성되는 경우가 많다. 그래서 편지글은 가장 먼저 노출되는 제목에서부터 차별적으로 접근하여야 한다. 제목은 내용 중에서 핵심 키워드를 뽑아 15자 이내로 작성하는 것이 원칙이다. 아울러 제목만으로 그 내용이 무엇인지 충분히 유추할 수 있게 해주어야 한다. 예컨대 이 글은 'CEO들도 글쓰기에 관심을 둘 필요가 있으며 이메일이나 직원에게 보내는 편지글, 연설문, 신문칼럼 등 유형별 글쓰기는 어떻게 할 수 있는지.' 를 소개하고 있다. 따라서 'CEO여 칼럼니스트가 되라' 는 12자의 명령형 제목을 통해 CEO들이 글쓰기 역량에 관심을 둘 수 있도록 자극하고 있다.

　편지글의 내용은 제목에서 암시하는 바를 그대로 써주면 된다. 제목에서 밝힌 테마 내에서 내용을 풀어쓰는 것이다. 기술하는 방식은 여러 갈래가 있지만, 초보자들은 최대한 편한 마음으로, 생각을 그대로 풀어놓는다는 느낌으로 적는 것이 좋다. 자신이 겪은 재미있는 에피소드나 전해 들은 이야기, 신문에서 읽은 내용 등을 소재로 본인의 관점이나 느낀 점을 덧붙여 쓴다고 생각하면 쉽게 접근할 수 있다. 처음에는 옆 사람에게 이야기하듯이 입말의 형태로 적다가 점차 논리의 틀이 갖추어지면 글말로 풀어쓰면 된다. 아울러 장문보다는 단문초보자는 45자 이내 위주로 풀어쓰다 보면 간단명료한 구성이 되어 주장을 설득력 있게 호소할 수 있다.

CEO여 자신의 주장을 펼쳐라! − 인사말·연설문 작성법

　CEO는 신문, 잡지, 사보 등 여러 매체에 글을 쓸 기회가 많다. 그 중 인사말과 연설문은 CEO의 생각이 직접적으로 드러나는 영역이다. 하지만, 우리 사회의 CEO들은 자신의 생각을 인사말과 연설문에 직접 담으려 하지 않는다. 대부분 홍보팀 등에서 대필해주면 된다고 생각한다. 하지만, 대필은 생각의 알맹이는 담을 수 있을지언정 이를 뒷받침하는 구체적 배경이나 사례 등은 전혀 다른 각도로 기술될 확률이 높다. 게다가 직접 작성하지 않은 글은 공감을 얻는

데도 일정 부분 한계가 있다.

　인사말과 연설문은 편지글과 비교하면 주장이 더욱 강한 글이라 할 수 있다. 특히 연설문 등은 IR 행사와 같이 특정 목적을 달성하려고 작성되는 경우가 많다. 따라서 일반적인 글에 비해 더욱 객관화되고 논리적으로 작성되어야 한다. 이런 점 때문에 많은 CEO들이 직접 작성하는 것을 회피하고 있지만, 이는 사실 "나는 커뮤니케이션 능력이 떨어지는 사람입니다."하고 고백하는 것과 다르지 않다. 막대한 의사결정 권한을 가진 사람일수록 또 협상과 설득의 기회를 자주 얻는 사람일수록 설득을 극대화하는 글을 통한 고차원의 의사 소통 능력을 겸비하여야 한다는 것을 우선 알아두어야 한다. 인사말과 연설문은 보고서·제안서 등에 비해서는 격식이 훨씬 자유롭지만 나름의 분명한 목적이 있다. 예컨대 창업을 축하하는 간단한 인사말도 '축하 메시지' 라는 분명한 목적이 있다. 인사말과 연설문은 이 목적에 충실하여 기술하는 것이 중요하다.

　글의 목적이 정해졌다면 글을 어떤 방향으로 풀어쓸지를 결정해야 한다. 이것이 바로 글감이다. 글감은 '무엇을 쓸 것인가?' 에 대한 것으로 글의 '중심내용' 을 구성하는 토대라고 할 수 있다. 글을 잘 쓰려면 우선 '중심 생각' 을 정해야 하는데 이것이 글로 표현되면 '중심내용' 이 된다. 글을 써내려 갈 때는 이 중심내용을 기준점으로써 '중심내용 - 뒷받침내용 - 보충내용' 의 순으로 기술하면 되는데, 이 구성 형태는 문단과 글 전체에서 계속 반복되는 양상을 띤다. 즉,

하나의 주장을 먼저 제시하고중심내용 설명 이에 대해 근거를 제시하거나 배경 설명을 한 뒤뒷받침내용 설명 이어 보충적인 내용을 기술보충내용 설명 하는 형태가 글을 다 쓸 때까지 계속해서 반복되는 것이다. 이 같은 '중심 - 뒷받침 - 보충' 의 원리는 생각의 덩어리가 되는 한 문단 내에서도 몇 개 이상 존재할 수 있다. 글이 얼마나 논리적으로 또 구체적으로 작성되었느냐는 바로 이 3단 원리의 조합이 얼마나 근거 있게 설득적으로 연결되었느냐 하는 문제라고 할 수 있다.

그러나 이런 논리적 글쓰기는 일정 기간 훈련이 필요하기 때문에 당장 글을 쓰자면 부담이 될 수밖에 없다. 따라서 우선 쓰고자 하는 핵심내용을 메모지에 기록하여 글의 중심 생각을 먼저 정리한 후 주장과 이에 따른 배경설명을 풀어쓰는 방식으로 접근하는 것이 초보자에게는 효과적이다. 새겨둘 것은 인사말과 연설문은 청중 대상의 낭독을 전제로 하므로 반드시 하나의 생각주장을 정리한 다음 주장으로 넘어가야 한다. 입말과 글말은 받아들여지는 느낌이 다르지만, 논점을 파악하는 방식에는 큰 차이가 없다. 이 논점을 분명하게 하면서 주장을 강하게 펼치는 가장 쉬운 방법은 생각을 완전하게 정리한 후 다음 생각을 전달하는 방식을 취하는 것이다.

CEO여 신문 칼럼니스트가 되라! – 신문 칼럼 작성법

지명도가 높아질수록 CEO는 자신과 기업의 브랜드 가치를 높일 더 많은 기회를 얻게 된다. 그 중 하나가 바로 신문 칼럼이다. CEO가 기고하는 신문 칼럼은 홍보팀이 몇 달 동안 기획해서 신문에 기업 이름을 올리는 것보다 최소 몇 배 이상의 효과를 가져다준다. 글 쓰는 CEO가 기업에 미치는 효과가 그만큼 크다는 얘기다.

신문사와 독자는 영향력 있는 기업 CEO의 말과 글에 늘 귀를 기울인다. 그들의 생각이 곧바로 주가에 영향을 미치고 투자자들의 판단기준이 되기 때문이다. 이는 그다지 규모가 크지 않은 기업의 CEO들에게도 마찬가지이다. 사회는 CEO라는 직책만으로 그를 사회 지도층으로 보고 일정부분 신뢰의 눈으로 바라본다. 게다가 신문은 사회의 공기公器다. 사회의 공적 매체에 사회 지도층인 CEO가 쓴 글은 그 자체만으로도 신뢰를 얻을 만한 것이다. 현명한 CEO들은 이런 점을 십분 활용한다. 스스로 칼럼니스트가 되는 것이다. 그렇다면, 신문 칼럼은 어떻게 쓰면 되는가?

신문은 대중적인 이슈가 크거나 일반인이 쉽게 공감할 수 있는 주제를 다룬다. 따라서 CEO가 작성하는 신문 칼럼의 주제 역시 이러한 틀 안에서 선정되어야 한다. 예컨대 자사 업종과 관련된 생명공학 분야의 정책이나 개선사항 등을 다룬다면 주제 선정이 잘 되었다고 할 수 있다. 반면 생명공학 유전자 조합의 전문적 기술 등 일반인이 이해하기 어려운 주제라면 칼럼 게재 여부조차 불투명할 수 있다. 최대한 대중적이고 이슈가 깃든 사안으로 주장을 호소하는 것이 좋다는 얘기다.

아울러 신문은 지면의 한계가 있다. 이 때문에 단문 위주로 최대한 짧게 작성하는 것이 좋다. 문장이 길어지게 되면 신문 편집자가 문장을 손질할 가능성이 크고, 이렇게 되면 어느 구간의 주장이 삭제되거나 수정될지 알 수 없다. 또 문장이 난해하여 편집자가 수정하기 곤란한 경우는 게재가 취소되거나 재작성 요청을 해올 수도 있다. 이를 방지하려면 완성된 글을 꼼꼼하게 점검하여 쉽게 이해되고 공감할 수 있는지 살펴보아야 한다. 또 한 가지는 될 수 있는 한 두괄식으로 기술하는 것이다. 결론을 앞에 쓰고 이에 대한 근거를 후술하는 형태는 문장이 넘쳤을 때 편집자가 중요하지 않은 뒷부분부터 수정할 수 있도록 해주기 때문에 자신의 주장을 그대로 관철할 수 있고 독자들의 이해도 더 빠르게 구할 수 있게 한다.

또 결론주장에 대한 근거를 후술할 때에는 첫째, 둘째…와 같이 항목을 정리하여 문장의 가독성을 높여주는 것이 좋다. 오늘날은 독자들 대부분이 글을 정독하지 않고 제목과 머리글앞 문장 정도만 읽기 때문에 글의 머리를 무겁게 하여 흡입력을 강하게 해야 독자들의 시선을 잡아둘 수 있다.

TIP – 업무 지시 '말이 아닌 글로 하라'

재미있는 조사결과가 있다. 필자가 모 기업 강의 시에 직원들이 어떤 이유로 보고서 작성에 곤욕을 치르는지 조사해 보았더니 재미있게도 '문장력' 보다 '부적절한 콘셉트'가 그 원인으로 조사된 것이다. 직원이 제출한 보고서를 보고 한심해하는 상사들이 많은데 이 경우 대부분 상사는 "내가 원한 보고서는 이게 아니야." 정도의 말을 한다. 직원들은 이런 말을 들을 때 자신의 문제가 '문장력 부족' 때문이라고 생각한다. 하지만, 이들의 보고서를 분석해 보면 커뮤니케이션의 첫 번째 요건인 '이해의 구간' 즉, 상대방이 얼마나 쉽게 문서를 이해할 수 있는가의 구간을 충분히 충족시키지 않은 경우가 많다. 다시 말해 보고서가 잘못 작성된 모든 경우의 원인이 문장력 부족 때문만은 아니라는 얘기다.

상사들이 "보고서를 이렇게 밖에 못 썼어?" 하고 말하는 데는 사실 문장력 외에 몇 가지 요인이 더 있다. 이 중 가장 큰 비중을 차지하는 것이 '콘셉트' Concept, 상사가 원하는 문서의 방향와 '임펙트' Impact, 얼마나 가치 있는 내용이 담겨 있는가이다. 사실 비즈니스를 하는 처지에서 이 두 가지 요소가 충족된다면 문장력의 부재는 어느 정도 '용서' 할 수 있다. 그런데 세 요소 중 가장 중요한 콘셉트는 문서작성 지시를 내리는 CEO 등 상사들의 문제에서 비롯되기도 한다. 문서의 중요도가 높을수록 말이 아닌 글로 업무 지시를 내려 상사가 어떤 문서를 원하는지 부하직원이 충분히 알도록 하는 것이 중요한데 대충 말로 지시를 함으로써 부하직원이 콘셉트를 제대로 파악하지 못하도록 하는 것이다.

글에서 콘셉트는 매우 중요하다. 하지만, 대부분 상사는 직급이 높을수록 부하직원을 불러 대충 말로 지시하고 설명하는 경향이 있다. 이렇게 되면 부하직원은 구체적으로 어떤 업무를 처리해야 하는지, 보고서는 왜 작성하고 어떤 내용을 구체적으로 담아야 하는지 잘 이해하지 못한다. 직급이 높을수록, 또한 중요한 사안일수록 상사는 부하직원에게 글로 구체적인 업무지시를 내려야 한다. 그래야, 기업이 목적하는 방향으로 보고서가 작성되고 의사결정을 바르게 또 빠르게 할 수 있다. 이것이 상사들이 말이 아닌 글로 업무지시를 내려야 하는 이유이다.

알아두어야 할 Writing Skill Point

- 99%를 명상, 기획, 자료조사에 할애하라
- 주어+술어관계를 명확하게 하고 최대한 짧게 써라
- 개인을 배제하고 객관적으로 접근하라
- 의미전달의 오류, 변질, 왜곡을 차단하라
- 결론을 먼저 써라
- 격식을 갖추고 쉬운 문장을 택하라
- 좋은 주제를 취하고 주제를 설득력 있게 뒷받침하라
- 가장 적합한 단어, 문장을 택하라

24 부자단상

　　'富者'를 동경하고 부러워하는 이들이 많은 세상이
다. 그래선지 재물을 모을 수 있다는 현란한 문구의 '부자학 강의'
는 늘 만원이다. '부자는 어떤 생각과 행동의 소유자인지?'가 만인
의 관심사이다 보니 재물은 이 시대 최고의 덕목이 된 듯해 보인다.
우리는 부단히 노력하면 富者가 될 수 있다고 믿는다. 요즘 젊은이들
은 그렇게 생각하지 않지만 하지만 어떤 부자가 될 것인지에 대해서는
별로 고민하려 들지 않는다. 세상에는 재물이 많아 넉넉한 '富者'가
있고, 썩는 냄새가 나는 '腐者'도 있으며, 아름다운 부자인 '娤者'
도 있다. 어떤 부자가 되고 싶은가?

富者

　‘富者’는 우리가 흔히 아는 바로 그 ‘부자’다. 단어 상으로만 보면 재물이 많아 넉넉한 부자라는 의미이다. 다른 사람들이 부러워할 정도로 재물을 많이 축적했다는 것은 충분히 존경받을 일이다. 그것은 남보다 더 열심히 일했다는 증거이며 성실히 살았다는 방증일 것이기 때문이다. 하지만, 오늘날의 부자들을 보고 있노라면 부럽기는 하지만 사실 존경스럽다는 표현은 어딘가 어색해 보인다. 재물을 축적하는 과정과 그것을 사용하는 과정에서 ‘富者들의 행태’가 세인들에게 그리 좋은 인상을 주지 못한 탓이다.

　‘富者’는 오로지 재물의 관점에서 평가되는 부자를 말한다. 다른 평가 요소를 차지하고 오직 재물의 관점에서만 분류되는 것이다. 그러니 ‘富者’는 매우 부러움의 대상이 되기는 하지만 존경의 대상이 되지는 못한다는 한계가 있다. ‘富者’들의 최대 단점은 돈이 곧 행복의, 인생의 척도라고 여긴다는 점이다. 아울러 富라는 것을 공유의 대상으로 바라보기보다는 오직 자기 자신의 삶의 관점에서만 바라본다는 단점을 가지고 있다. 물질만능주의로 치달으면서 사실 우리 사회에는 이런 유형의 부자들이 크게 늘었다. 게다가 이들의 ‘영향력’으로 인해 세인들의 부자에 대한 관점도 상당 부분 퇴색되어 버렸다. 그래서 현재 우리 사회는 부자의 도는 없고 재물의 척도만 따지는 부자만 남아있게 되었다.

腐者

　‘腐’는 ‘썩을 부’다. 그러니 ‘腐者’는 부자인데 썩는 냄새가 나는 부자라는 뜻이다. 오늘날 우리 사회에 이러한 부자는 상당히 많다. 이들은 단지 ‘재물’이 많으면 부자가 된다고 여기는 부류들이다. 당연히 부에 대한 기준도 없고 덕도 없다. 기준이 있다면 오로지 금고를 지키는 기준이 있을 뿐이다. 더 큰 문제는 富를 마치 큰 권세를 가진 양 제멋대로 휘두른다는 점이다. 한 마디로 냄새 나는 부를 행사하는 것이다.

　이러한 부자는 결국 썩어서 부패하고 마는 ‘腐者’로 발전하고 만다. 마침내 썩어 냄새가 날 자신의 재물 때문에 부패한 삶을 살게 되는 것이다. 공교롭게도 우리 시대에 이러한 위인들은 부지기수로 많다. 수단과 방법을 가리지 않고 재물만 모으면 된다고 생각하는 부류들과 힘들게 재물을 모으고서도 그것을 지키고자 또한 수단과 방법을 가리지 않는 이들이 바로 이런 부류의 재산가들이다.

　현시대의 부자들의 문제점은 존경받는 재산가들이 없다는 것이기도 하지만 또 다른 측면에서 볼 때 ‘못된 부자’들이 많다는 것이다. 이는 삶의 기준을 오로지 ‘富’에만 맞추어 놓고 제멋대로 해석하기 때문일 것이다. 소크라테스는 “어떤 사람이 자신의 재물을 자랑하더라도 그 사람이 재물을 어떻게 쓰는지를 알기 전까지는 절대로 칭찬해서는 안 된다.”라고 말했다. 냄새를 풀풀 풍기는 재산가들이 정말이지 새겨들어야 할 이야기가 아닌가 싶다.

美者

　부자의 유형 중 가장 높은 단계의 부자는 '美者 아름다운 부자'다. 이런 유형의 부자는 자신의 재물을 땀으로 쌓아올리고 덕으로써 행사한다. 그러니 부러움과 존경을 한몸에 받는 것이다. 모두가 잘 알고 있을 최 부잣집 이야기를 해보자. 경주에 소문난 최 부잣집은 무려 9대 동안 진사를 지내고 12대 동안 만석의 부자를 지켜온 집안이다. 조선팔도에 최 부잣집의 명성이 얼마나 자자했던지 이 집을 모르는 사람이 없을 정도였다는데 최 부잣집이 이토록 오랫동안 富를 유지할 수 있었던 것은 나름의 원칙이 있었기 때문이다.

　최 부잣집에는 대대로 내려오는 독특한 '제가齊家의 철학'이 있다.

　　1. 과거를 보되 진사 이상은 하지 마라

　　2. 재산은 만석 이상 모으지 마라

　　3. 과객過客을 후하게 대접하라

　　4. 흉년에는 남의 논밭을 사지 마라

　　5. 최씨 가문 며느리들은 시집온 후 3년 동안 무명옷을 입어라

　　6. 사방 백 리 안에 굶어 죽는 사람이 없게 하라

이 6가지 제가 철학은 최 부잣집이 대를 이어 만석의 부를 이어 올 수 있으면서 동시에 부자의 덕을 잃지 않게 하는 기준이었다. 최 부잣집에는 제가 철학과 함께 수신修身가훈도 오래도록 지켜왔는데 그것이 그 유명한 육연六然이다.

六然

自處超然 **자처초연** <u>스스로 초연하게 지내고</u>

對人靄然 **대인애연** 남에게 온화하게 대하며

無事澄然 **무사징연** 일이 없을 때는 맑게 지내며

有事敢然 **유사감연** 유사시에는 용감하게 대처하고

得意淡然 **득의담연** 뜻을 얻었을 때도 담담하게 행동하며

失意泰然 **실의태연** 실의에 빠졌을 때는 태연하게 행동하라.

최 부잣집은 그야말로 덕이 있는 부잣집이었다. 재물을 다스릴 줄 알면서 절제할 줄 알고, 자신에게 엄격하면서 굶주린 사람에게는 한없이 넓은 도량을 행사했다. 한 마디로 부자의 도를 가지고 있었던 것이다. 아쉽게도 오늘날 최 부잣집과 같은 '부자의 道'를 지키는 부자는 없는 것 같다. 게다가 다른 글자는 다 떨어지고 오직 '富'라는 단어만 난무한 세상이 된 건 아닌지 궁금해지기까지 하다.

진정한 부자는 최 부잣집처럼 '富넉넉한 재산'를 '㜷아름다운 재산'

로 만들 줄 알아야 한다. 그것은 富를 무작정 지키려고 하기보다 富를 올곧게 행사하려는 마음가짐에서부터, 그리고 富에 대한 올바른 가치관을 가지는 것에서부터 시작되는 것이라고 말하고 싶다. 부디 우리 사회에 존경과 신망이 두터운 진정한 부자들이 양산되기를 기대해 본다.

25 소유와 경영

기업은 이익을 내려고 존재한다. 이익은 투입된 재화가 부가가치를 창출해 발생시킨 결과물이다. CEO들은 매번 이런 재무제표상의 수치에 민감해질 수밖에 없다.

어떤 물건을 만들어 판매하면 매출액이 발생한다. 이 매출액에서 매출원가를 제하면 매출총손익이 된다. 회사는 매출총손익에서 사무실 임대료나 기타 판매에 들어간 관리비, 인건비 등을 제해 영업손익을 구한다. 그런데 회사는 이렇게 발생한 영업손익 외에도 부동산 임대 수입이나 특허권 등, 그러니까 본래의 사업에서 발생한 금전 외에 부가적으로 더 발생하는 수입이나 지출이 있을 수 있다. 회사는 영업손익에서 이런 요소들을 더하고 빼서 경상손익을 구하고, 보험차익과 같은 특별이익과 재해손실 등의 특별손실을 더하거나 빼 다시 손익을 구한다. 이렇게 구한 금액_{법인세 차감전 손익}에서 법인세를 빼면 당기순이익이 되는데 이것이 주주들에게 배당하는 기준이 된다.

세계 최초의 주식회사는 1602년 당시 영국령이었던 인도에 설립된 동인도회사다. 동인도회사는 네덜란드인이 공동으로 배를 만들어 후추를 수입하고 그 판매대금을 나누어 가진다는 조건으로 생겨났다. 동인도회사는 후추 외에도 커피와 홍차 등을 판매해 큰돈을 벌었는데 이렇게 큰돈을 벌어도 배가 풍랑을 만나 난파하거나 하면 그때마다 막대한 금전적 손실을 볼 수밖에 없었다. 결국, 이들은 위험부담을 분산시키는 방법을 모색했다. 투자자들이 이익을 나눠 갖지만 배 운항에 대해서는 전적으로 선장에게 업무를 위임하기로 한 것이다. 이것이 오늘날 자본과 경영이 분리된 첫 케이스이다. 동인도회사는 이후 무려 200년 동안 주주들에게 36배에 달하는 엄청난 배당을 했다고 한다. 주주들은 주식을 매입하고 처음 10년 동안은 주식을 사고팔 수 없었지만, 이후에는 막대한 배당을 받아 그 권리를 보장받을 수 있었다.

회사가 이익을 내면 주주들은 투자의 대가로 배당을 받는다. 동인도회사의 투자자들이 그랬던 것처럼. 중요한 것은 배당이 제대로 이루어지려면 동인도회사처럼 소유와 경영의 분리가 잘 돼 있어 경영 시스템이 조화를 이루어야 하고 배당도 계산법에 따라 정확하게 이루어져야 한다는 것이다. 그런데 아이러니하게도 외국인들이 한국 기업에 투자하기를 꺼리는 이유 가운데 하나는 소유와 경영이 분리되어 있지 않다는 것이다. 최초의 주식회사인 동인도 회사가 실현한 소유와 경영의 분리를 우리 기업들이 지금껏 실천하지 못해 외국 투자가들로부터 따가운 눈총을 받는 것을 어떻게 받아들여야 할까.

한국 기업의 특징 중 하나는 미국 기업들처럼 대주주와 최고경영자의 발언권이 매우 막강하다는 점이다. 하지만, 미국은 비교적 제도적인 장치가 잘 돼 있고 규정이 엄격히 적용되는 것으로 받아들여지는 데 반해 한국은 소유와 경영이 분리되지 않은 상태에서 규정이 제대로 지켜지지 않는다는 인상을 받는다. 여기에 대주주와 최고경영자의 권한까지 막강하니 경영의 투명성을 객관적으로 판단하기가 어려워진다. 그러니 외국 투자가들이 한국 기업에 투자하기를 꺼리는 것이다.

대주주와 최고경영자의 권한이 막강하다는 것은 마음먹기에 따라 얼마든지 인위적인 결과를 만들 수 있다는 얘기가 된다. 굳이 특정 기업을 들먹이지 않더라도 장부 외 거래를 통해 결산 조작을 한다든지, 부정한 방법으로 경영 세습을 한다든지 하는 일이 비일비재하게 발생하고 있다. 소유와 경영이 제대로 분리되지 않은 현재와 같은 지배구조 아래에서는 앞으로도 이런 눈속임이 얼마든지 가능하다. 굳이 검증의 잣대를 들이대지 않더라도 그동안의 경험으로 충분히 알 수 있는 일이다.

혹자는 최고경영자의 윤리의식을 강화하면 문제가 해결되지 않겠느냐고 반문할런 지 모르겠다. 그러나 우리의 경우 규정을 제대로 지키려는 법의식이 선진국 수준에 다다르지 못했다. 따라서 제도적 장치가 먼저 확실하게 세워져야 하고 또 규정을 엄격하게 집행하는 관행이 먼저 세워져야 한다. 그래야 시장의 신뢰와 투명성도 확보할 수 있다. 최고경영자의 윤리의식은 서민들에게 재벌이 '유전무죄 무전유죄'로 더는 비치지 않을 때 객관적으로 담보되는 것이지 법정의 교육이나 훈계로 해결될 일이 아니다.

우리 기업의 소유와 경영이 제대로 분리되지 않았고, 그런 이유로 투자에 대한 배당의 신뢰가 담보되지 않았다고 볼 수 있는 단적인 예는 목돈이 생겨 특정 기업에 투자했는데 그 대가로 되돌아오는 배당수익이 과연 올바르게 계산된 것인가 하는 의문이 든다는 점만으로 충분하다. 이런 생각은 주식이 공개되지 않은 비상장 기업으로 갈수록 당연히 더 굳어지게 된다. 우리나라를 대표하는 재벌 기업들이 분식회계나 기타 장부 조작 등의 혐의로 법정에 서는 일이 주기적으로 반복되는 상황에서 비상장 기업을 포함해서 대한민국 기업 전체의 대외신인도를 확보한다는 것은 쉬운 일이 아니다.

일이 복잡하게 꼬여 있을수록 정도正道를 걸어가라고 했다. 험난한 풍랑 속에서 배를 직접 운항할 것도 아니면서 선장의 업무에 간여하고 그 때문에 자본과 경영의 구분을 흩트려 결국 투자자들을

불안하게 만들어서는 글로벌 기업을 만들 수 없다. 이익을 구하는
계산식처럼 기업 경영도 분명하게 구분되고 운영돼야 한다.

한번은 어떤 신사가 친구가 경영하는 보석상을 방문했다.

그의 친구는 그에게 아주 멋있는 다이아몬드와 다른 훌륭한 보석들을 보여 주었다. 그 보석중에 빛이 나지 않는 이상한 것이 있었다. 그 신사는 친구에게 그 보석을 가리키며 말했다.

"저 보석은 전혀 아름답지 않은데……."

그러자 친구는 보석을 집어서 그의 손바닥에 올려놓고는 손을 오므리고 있다가 잠시 후에 다시 펴 보라고 했다.

얼마나 놀라운 일인가! 신사가 손을 펴자 완전한 보석은 무지개 색깔로 빛을 발하고 있었다.

"자네가 어떻게 했기에 이렇게 되었지?"

그 놀란 신사가 물었다. 그 친구는 대답했다.

"이것이 바로 오팔이라는 보석이야. 마음을 통하게 하는 보석이라고 부르지. 이 보석이 훌륭한 빛을 발하려면 꼭 사람의 손이 있어야 한다네."

이외수 씨의 오래된 책 「감성모자이크 흐린 세상 건너기」를 다시 꺼내 보다가 발견한 이야기입니다.

조직을 관리하는 리더의 손이 이렇게 되어야 하지 않을까 하는 생각이 듭니다.

조직원의 능력을 더욱 빛나게 하는 리더의 손을 잡은 직원은, 분명히 행복해 할 것입니다. 그런 마법의 손을 가지고 계신지요?

훌륭한 리더 밑에 유능한 참모와 직원들이 있다는 표현은 틀리지 않은 것 같습니다. 모두 오팔의 빛을 발하게 하는 리더십의 소유자가 되시기를 희망합니다.

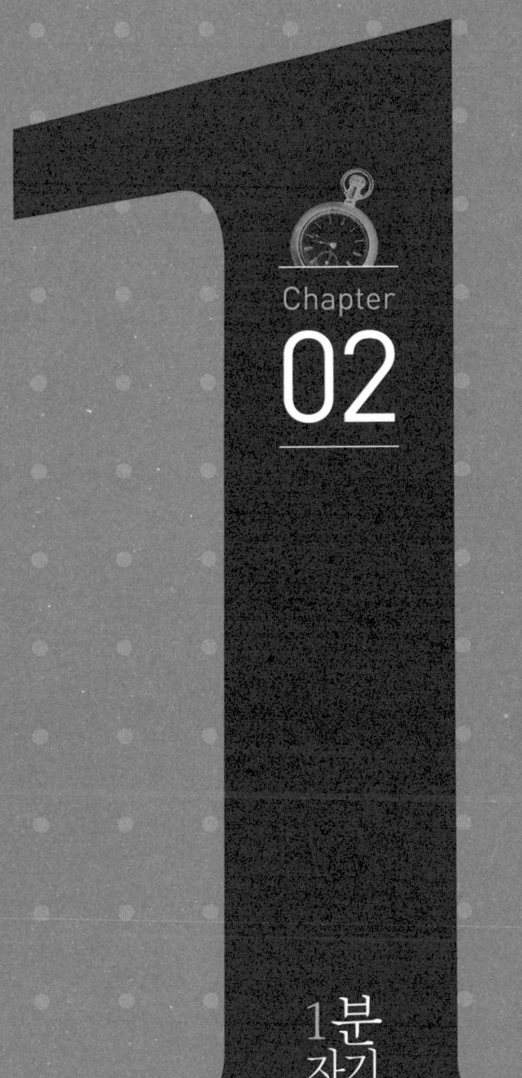

Chapter
02
1분
자기
경영

ONE MINUTE SELF MANAGEMENT

변화할 준비가 되었는가?

시대는 변화하고 사람들은 자의든 타의든 생존을 위해 시대에 적응하려고 한다. 인간이 자연환경과 여러 동물과의 경쟁 속에서 지금의 모습으로 진화해 온 것처럼 사실 변화에 대한 대응은 의도와 관계없이 언제나 존재한다. 하지만, 요즘과 같이 실시간으로 그리고 럭비공처럼 어디로 튈지 모르는 불확실성의 시대에서는 더욱 능동적이고 계획적인 변화관리가 필요하다. 조직을 근간으로 하는 기업의 경영환경은 더더욱 그렇다.

누구나 생존을 위한 진화를 한다

가장 오묘하고 신비한 세계로 자연을 꼽는다. 우리가 아는 동물

중에는 주위환경이나 자연의 변화에 따라 자신의 몸 색깔을 자유자재로 바꾸고 방어하는 것들이 많다. 환경변화에 따라 재빨리 몸 색깔을 바꾸는 카멜레온이나 푸른 잎에서 눈에 잘 띄지 않도록 발달해온 녹색의 나방 유충, 융화 때에 주위 환경에 따라 녹색 또는 갈색으로 변하는 호랑나비의 번데기, 딱딱한 표피로 몸을 보호하는 거북이 등은 자연의 변화에 따라 나름대로 자신을 보호하는 노하우를 가지고 있다.

동물의 세계에서는 주위 환경이나 배경에 맞게 변화하는 색깔을 은폐색 또는 보호색이라고 한다. 이러한 성향은 살아남기 위한 독특한 생존방식으로, 처한 위치와 환경에 따라 제각기 다르다. 호랑이나 사자가 날카로운 이빨과 발톱을 가지고 있고, 기린이 긴 목을 하고 있는 것도 생존을 위한 최적의 방향으로 진화하기 때문이다. 반면 인간은 과거 1백만~2백만 년 동안 거의 진화가 이루어지지 않았다고 한다. 가장 뚜렷하게 진화한 두뇌도 과거 10만 년 동안은 거의 변하지 않았다고 알려졌다. 이것은 어쩌면 동물의 세계에서 더는 방어할 대상이 없어졌기 때문인지도 모를 일이다.

변화에 늘 깨어 있어라

오늘날 인간은 더는 방어할 동물은 없어졌지만, 서로를 경쟁상대로 삼아 끊임없이 공격하고 치열한 경쟁을 벌인다. 이 틈바구니에서 거대한 기업집단과 조직사회에 적응해야 하는 샐러리맨들은 늘 변화에 대한 화두에 고심하지 않을 수 없다. 불확실성의 시대에서 살아남아야 한다는 강박관념과 이 때문에 파생되는 고충은 어쩌면 과거 수백만 년 전과 비교하면 더 큰 스트레스를 안겨다 주고 있는지 모른다. 특히 첨단기술과 과학기술이 급격하게 발달하는 최근의 상황에서는 기업 간 경쟁양상이 더욱 첨예화되어 그야말로 무한경쟁시대라는 말이 실감날 정도다. 변화의 속도는 빠른데 미래를 예측할 수 없는 것. 이것이 생존을 위협하는 가장 커다란 적인 셈이다.

「코끼리와 벼룩」의 저자로 유명한 독일의 사회학자 울리히 벡은 오늘날의 사회를 위험한 사회라고 규정한다. 그는 첨단기술과 국제적 상호 의존이 세계적 규모의 재앙들을 양산하고 있으며 사람들이 인위적 불확실성에 둘러싸여 있다고 진단한다. 그의 진단대로 굳이 전 세계의 문제로까지 거론하지 않더라도 오늘날의 직장인들은 각종 사회 변동과 기업 경영환경의 변화 속에서 늘 나름의 진화를 모색할 수밖에 없게 되었다. 변화 그 자체를 생존법칙의 일부로 인식하고 항상 준비하여야 한다는 얘기다.

능동적인 변화를 추구하라

사람들은 두 부류가 있다. 위기에 봉착했을 때 이에 대비하는 위인과 위험을 사전에 예측하고 대비하는 위인. IMF 이후 거대 기업도 망할 수 있고, 평생직장도 과거 잘 나가던 시대의 이야기라는 것을 깨달은 우리로서는 이제 개개인의 생존방식에 위험관리Risk Management를 끼워 넣을 때가 되었다. 그리고 여기에서 더 나아가 위험을 예측하고 대비할 줄 아는 나름의 기법들을 터득해야만 한다. 변화에 대한 예측과 관리는 기업에 국한된 얘기가 아니다. 그 속에 속한 조직원 개개인이 변화를 향한 대응 태세를 견지할 때 변화를 슬기롭게 맞이할 수 있다. 기업은 조직의 인재들이 이처럼 미래 예측적이고 지향적인 능력을 겸비하도록 교육훈련을 아끼지 말아야 한다.

모든 생명체는 살아야겠다는 본능적인 욕구가 있다. 하지만, 변화를 맞이하고서야 달라져야겠다고 생각한다면 미련한 일이다. 게다가 이런 방식으로는 글로벌한 시대 환경에서 살아남을 수 없다. 생존을 위한 더욱 체계적인 계산과 프로그램이 필요하다. 기업과 자신의 몸값을 올릴 수 있는 차별화 된 방안과 비법을 터득하지 않으면 미래는 보장되지 않는다. 과거에는 변하지 않더라도 누군가 나를 건드리지 않으면 살아남을 수 있었지만, 지금은 아니다. 변하지 않으면 변화로부터, 경쟁으로부터 결코 자유로울 수 없다. 그러려면 지금 새로운 진화를 계획해야만 한다. 생존을 위한 진화를.

27 변화의 시대에 승자가 되자

시대는 계속해서 변해가고 있고, 우리는 그 변화무쌍한 흐름의 한가운데에 서 있다. 따라서 현실 감각과 미래 감각이 동시에 필요한 요즘 같은 시대에 변화에 적극적으로 대처하고 스스로 몸값을 올리려는 노력은 매우 중요하다고 할 것이다. 시대와 환경을 불문하고 직장인들이 경계해야 할 것이 하나 있다. 바로 매너리즘 Mannerism이다. 매너리즘은 신선한 감각을 잃고 경직된 상태에서 현실에 고착화 되는 것을 말한다. 창의성과 독창성, 변화에 대한 현실 감각을 유지하고 있어야 하는 직장인이 매너리즘에 빠졌다는 것은 정신과 육체가 쇠퇴하고 있다는 것과 다르지 않다. 매너리즘은 그런 차원에서 직장인들이 주의해야 할 질병 같은 것이라고 말하고 싶다.

　사실 신선함과 창의성은 어느 분야에서나, 누구에게나 필요한 것이다. 신선하지 않고 새롭지 않다는 것은, 그리고 과거의 패턴에 얽매여 변화하고 발전하지 못한다는 것은 곧 퇴보를 의미하는 것이다. 공부를 하는 학생이나, 가사를 돌보는 주부, 업무에 임하는 직장인, 정사를 돌보는 정치인에 이르기까지 신선함과 새로움에 대한 갈구는 절대적으로 필요하다. 신선함과 새로움에 대한 갈구는 현실을 보다 나은 환경으로 만들겠다는 의욕과 열정이 있다는 것이며, 동시에 미래에 대한 도전정신이 있다는 것의 반증이기도 하다.

　변화에 대한 능동적인 대처가 기업과 소속원의 미래를 밝게 한다는 사실을 부인할 사람은 아무도 없다. 하지만 문제는, 막상 변화가 찾아들었을 때 그것에 적극적으로 대처하는 사람은 극히 적다는 것이다. 대개는 당혹해하거나 변화를 피할 방법을 먼저 찾는다. 변화가 작금의 현실보다 리스크가 크다고 생각될수록 더욱 그렇다. 누구나 미래를 현재보다 더 가치 있고 안정되게 만들고 싶어 한다. 하지만 그러자면 주어진 상황에 대해 스스로 변화를 꾀해야 하고 찾아온 변화에도 능동적이고 적극적으로 맞부딪혀야만 한다. 그리고 이러한 변화와 마주할 때에는 언제나 크고 작은 위험이 있을 수 있다는 것을 인식하여야 한다. 변화를 뛰어넘을수록 더욱 찬란한 미래가 열린다는 것을 모르는 사람은 없다. 뉴스를 통해 익히 아는 성공한 위인들의 이야기도 대부분 그렇다. 하지만 정작 우리는 변화에 대해 그다지 훈련되어 있지 않고, 찾아든 변화에 대해서도 기회라고 인식하기보다는 위기라고 생각하는 경향이 강하다. 그렇다 보니 모두가 인식할 정도의 눈에 확연히 띄는 변화가 아니라면 스스로 변화를 찾으려고 하지 않는다.

변화는 분명히 위기가 될 수 있다. 하지만 이것은 더는 선택의 문제가 아니다. 선택이 있다면 '변화'와 '도태' 둘 중의 하나이기 때문이다. 이 둘 중 기회와 위기의 성격을 동시에 가진 변화를 선택하여 미래를 창조할 것이냐, 현실에서 주저앉을 것이냐는 순전히 개인의 자유이지만, 그러한 자세를 좋아할 기업은 어느 곳에도 없다.

변화의 주체는 바로 자신, 사전에 준비하자

눈에 보이지는 않지만 시간은 꾸준히 흐르고 있고, 그 가운데서 우리도 서서히 변해가고 있다. 변화란, 이렇게 소리 없이 우리에게 찾아든다. 이런 변화의 연속선상에서 끊임없이 변화를 기회로 만들려면 평상시의 남다른 준비와 자기계발, 신선한 감각의 유지가 필요하다.

세라젬그룹 조운호 부회장이 웅진식품 사장 시절 혁신을 일으킬 수 있었던 것도 이런 사전 준비가 있었기에 가능하지 않았나 싶다. 그는 규모로 보아 1,000억 원은 족히 되어야 했지만 50~60억 원 대의 매출에 그친 웅진식품의 CEO를 맡았고 이를 기회로 받아들여 변화를 꾀해 결국 전통음료라는 콘셉트로 회사를 성장의 반열에 올려놓았다. 그의 첫 작품인 '아침햇살' 은 불과 10개월에 1억 병이 팔려나가 당시 콜라와 사이다 등 탄산음료가 지배하던 음료시장에 일대 돌풍을 몰고 왔다. 조운호 부회장은 후에 한 언론과의 인터뷰에서 위기의 성격이 짙은 변화를 기회로 삼은 것에 대해 언급한 적이 있는데 '세상에 많은 것이 있지만 내 것으로 만들지 못하면 아무것도 아니다.' 라는 뜻으로 '인터널라이제이션(內面化, Internalization)' 이라는 용어를 썼다. 인터널라이제이션이란 새로움이라는 것이 변화에서 비롯된다면, 창조와 변화는 기존의 것에서도 얼마든지 찾을 수 있다는 의미를 담고 있다.

위기든 기회든, 준비된 자에게는 두려움의 대상이 되지 않는다. 하지만 매너리즘에 빠져 그대로 현실에 안주하면 위기만 찾아들 뿐이다. 다람쥐 쳇바퀴라고 하지만, 사실 살고자 하면 현실 속에서 쳇바퀴라도 열심히 돌려야 한다. 그래야 그것을 동력으로 제3의 에너지도 얻을 수 있다. 현실의 생동감을 유지하고 변화와 기회에 대해 상시적인 준비를 해나가도록 하자. 이렇게 하면 우리는 승리하는 변화를 꾀할 수 있을 것이다.

28 고정관념을 뛰어 넘자!

가끔 낯선 옷을 입는가? 비즈니스 미팅 좌석에서는 반드시 정장을 입고, 위엄을 갖추어야 한다고 생각하지는 않는가? 만약 어떤 목적지까지 도달하는 데 있어 매번 같은 길만 고집한다면 혹 고정관념에 빠져 있지 않은 지 점검해 볼 필요가 있겠다. 그렇지 않다면 두뇌가 선행된 기억들만 좇아가지는 않는지, 즉 시대보다 퇴보되어 있지는 않은지 점검해 봐야 한다. 고정관념은 무서운 존재다. 특히 비즈니스 세계에서는….

지금은 변화의 시대… '고정관념은 병'

"소비자가 직접 생산에 참여하는 시대가 도래할 것이다."

앨빈 토플러는 그의 저서 「권력이동」에서 '소비자 주권시대'를 예고한 바 있다. 그로부터 얼마 지나지 않아 세상은 그가 점친 대로 '확' 바뀌고 말았다. 소비자들이 직접 제품의 부품을 선택하거나 색상을 골라 구매할 수 있는 시대가 된 지 오래다. 삼성전자가 내놓은 인테리어 냉장고 지펠이나 사이버 아바타, 그밖에 주문자생산 방식을 표방하는 많은 제품이 소비자 주권을 강화한 사례들이다. 시대는 그야말로 시시각각으로 변하고 있다. 여기에 맞춰 변화하지 않으면 곧장 도태되는 냉엄한 경쟁 환경이 눈앞에 펼쳐져 있다. 그러나 아직도 많은 비즈니스맨은 시대에 발 빠르게 적응하려 하기보다는 현실에 안주하려는 경향이 짙다. 무언가 새로 시작하거나 변화되는 것에 대한 두려움이나 거부감이 기존 방식을 고수하게 하는 것이다.

고정관념은 이러한 패턴이 굳어져 사고의 유연성을 상실케 하고 경직된 사고를 만들어냄으로써 점점 고착화 된다고 할 수 있다. '옛것이 좋다.'는 카피도 있지만 옛것에 안주하려는 고정관념은 경쟁력만 상실시킬 뿐이란 점을 명심하여야 할 것이다. 사실 고정관념은 누구에게나 있다. 사람들은 나름대로 세상을 살아오면서 터득한 경험칙經驗則을 바탕으로 판단하고 행동한다. 문제는 이렇게 고정된 사고가 사람의 행동을 규격화하고 공식화한다는 데 있다. 경험칙에 의한 행동은 또 창의성이 숨을 쉴 수 있는 공간을 빼앗아 예컨대 '아프리카에 냉장고를 팔아보겠다.'는 도전정신을 만들지 못한다. 사물이나 현상을 한쪽에서만 보고 편견이나 부정적인 사고를 하며 흑백논리로 세상을 보게 되는 것도 따지고 보면 고정관념이 근원적인 병이다.

새로운 도전 · 발상이 필요하다

고정관념을 뛰어넘어 새로운 것에 도전한다는 것이 사실 쉬운 일은 아니다. 특히 기업의 입장에서는 많은 혼란을 일으킬 수 있고 이 때문에 경영의 패러다임을 바꾸어 놓을 수도 있다. 하지만 근래 들어 많은 기업이 과감한 경영 정책을 선포하고 사내 인사시스템까지 파격적으로 바꾸는 등 의도적으로 변화하려는 모습을 보이고 있다. 이는 이렇게 하지 않으면 생존 자체를 위협받는 시대가 됐기 때문일 것이다.

중요한 것은 세상이 변화하고 있다는 점이다. 그것도 매우 빠르게. 여기에 어떻게든 맞추지 못하면 곧장 패배자가 된다. 미래학자들의 이야기를 들어보자. 그들은 디지털 시대에서는 감성을 지니고 변화를 빠르게 수용하며, 유연한 사고를 지닌 사람이 승자가 될 것이라고 말한다. 미래학자들은 그동안 습득한 정보나 지식으로 활용할 수 있는 분야보다 그렇지 않은 분야가 훨씬 더 많아지고 있다는 것만으로도 우리가 왜 변해야 하고 기존에 답습했던 방식에서 벗어나야 하는지를 잘 말해준다고 얘기한다.

그렇다면 어떻게 고착화 된 사고에서 벗어날 수 있을까? 이에 대한 해답은 독특한 아이디어로 승부를 거는 크리에이터Creator들에게서 엿볼 수 있을 것 같다. 크리에이터들 사이에서는 '호기심이 곧 과학이며, 문제해결이 기술' 이라는 말이 나돈다. 무엇이든 새로운 각도에서 바라보고, 생각하며, 행동하라는 의미를 담고 있다. 1970년대 초, 세이코 등 전자 열풍을 일으킨 일본 기업들이 강세를 띠자 위기에 몰린 스위스 시계 업체들이 시계를 단순히 시간을 알려주는 기계로 보지 않고 고급 장신구로 이미지를 탈바꿈시켜 시계 왕국의 자존심을 지킨 것이 '새로운 각도' 에 대한 좋은 교훈이 될 것 같다.

고정관념은 사실 한 방향의 사고에 불과하다. 예컨대 누군가 알파벳Alphabet의 맨 마지막 글자가 무엇이냐고 물었다고 하자. 당신은 당당하게 Z라고 대답할 것이다. 하지만 알파벳을 영문으로 표기해보면 마지막 글자는 Z가 아니라 T가 된다. 세상은 어떤 마음가짐으로 사느냐에 따라 성공과 실패, 그리고 행복과 불행이 좌우된다. 마찬가지로 고정관념도 어떤 프레임의 안경을 쓰느냐에 따라 충분히 혁파될 수 있고, 원하는 결과도 얼마든지 다르게 만들어 낼 수 있다. 그 선택을 할 것인가 말 것인가는 전적으로 당신에게 달려 있다. 그러나 어찌 되었건 변할 것인가, 안주할 것인가, 이 중 하나는 반드시 선택해야만 한다.

29 혁신에 대하여

예나 지금이나 공무원 사회의 주기적인 이슈는 아마도 '무능 공무원 퇴출' 이 아닐까 싶다. 일부 지방자치단체에 행해지던 제도가 중앙 정부에까지 번졌고, 정권이 바뀔 때마다 국민의 목소리가 커지고 있으니 '무능 공무원' 의 좌불안석은 앞으로도 끊이지 않을 것이다. 그동안 공무원 조직도 나름의 평가 시스템을 통해 시대에 부응하기 위한 많은 노력을 해왔다. 하지만 그 시스템이 제대로 작동됐다고 보는 사람은 없다. 앨빈 토플러는 「부의 미래」에서 정부 관료 조직의 속도를 10마일로 규정했다. 기업이 100마일로 달릴 때 10마일로 달린다는 얘기다. 그렇다면 '무능 공무원 퇴출' 에 반기를 드는 공무원들은 '10마일의 반항' 을 하는 게 아닐까. 만약 공무원들이 무능 공무원 퇴출 방법론에 문제 제기를 하는 게 아니라 퇴출 그 자체를 문제 삼는 거라면 이 표현이 맞다고 봐야 한다. 그렇다면 참 씁쓸해진다. 10마일로 달리는 상황인데도 그 속도가 매우 빠르다는 주장일 테니 말이다.

경기도 파주시청 공무원들을 상대로 업무문서 작성법 강의를 한 달간 진행한 적이 있다. 강의를 요청해온 파주시청 담당직원은 "전 직원을 교육하라는 시장님 지시가 있었다."라고 했다. 파주시청은 전국 지자체 중 행정혁신 1위를 달리는 곳이다. 실제로 파주시는 최소한 50마일로 달린다고 자부한다. 그리고 기업의 변화 속도인 100마일로 달리고자 분주히 혁신을 진행 중이다. 이곳은 이미 수년 전부터 무능 공무원 퇴출 제도를 시행하고 있는데 내부 불만은 찾아볼 수 없다. 실제로 한 달간 지켜본 이곳 직원들은 이미 공무원 사고를 벗어던진 지 오래였다. 동물의 가죽을 벗겨 완전히 새로운 가죽을 만든다는 혁신革新의 의미를 모두 아는 듯했다. 더욱 놀라운 것은 이곳의 시스템이 앨빈 토플러의 「부의 미래」를 아주 많이 닮았다는 것이다. 실제로 24시간 민원접수, 7일 내 민원처리를 한다는 '24/7 제도'나 10월 이내 한 해의 예산을 모두 소진하는 예산 조기집행 제도인 '클로징 10' 등은 모두 「부의 미래」에서 모티브를 따 왔다. 앨빈 토플러는 자신의 주장대로 놀랍게 발전하고 있는 한국을 매우 좋아한다는데, 파주시청을 보면 아마도 큰 박수를 쳐 줄 것이다.

변화는 우리가 원하든 그렇지 않든 관계없이 시간의 흐름에 따라 항상 존재하는 것이다. 이 변화의 템포에 발을 맞추지 못하면 그 순간에 인간은 '도태淘汰' 되고 만다. 특히 오늘날과 같이 변화가 전광석화같이 진행되는 상황에서는 사실상 매 순간 도태를 만난다고 봐야 한다. 반면 도태되지 않고자 변화에 적응하고자 하면 혁신革新을 만나게 된다. 그런데 혁신은 도태되지 않고 살아남으려고 선택하게 되는 문제이지 해도 그만, 안 해도 그만인 문제가 아니다. 게다가 혁신은 기존의 것을 모두 버리거나 완전히 바꾸겠다는 의지를 갖추지 않으면 그 목적을 이룰 수 없다.

세상의 변화는 인간들이 매일같이 무슨 일을 하는 한, 어김없이 우리에게 찾아온다. 넓게 보면 자연의 생리라고 볼 수 있다. 한 해 두 해 지나면 주름이 늘고 나이를 먹게 되는 것과 같은 이치다. 이런 환경 하에서 조직에 속한 사람들이 혁신적이지 않다는 것은, 단지 '변화를 싫어할 뿐' 이라는 얘기로밖에 들을 수 없다. 극단적으로 말하면 생존 그 자체를 거부하는 것이라고 봐야 한다. 나이 먹는 것을 방지할 방도를 내놓지도 못할 양이면, 변화를 받아들이고 혁신을 택하라고 말하고 싶다. 그리고 100마일 또는 그 이상으로 모든 걸 바꾸라고 말하고 싶다.

30 정답은 내 안에 있다

재미있는 현상이 있다. 누구보다 열심히 땀을 흘리고 연습한 운동선수들도 경기에 임하는 심리 상태에 따라 자신의 역량이 크게 달라진다는 사실이다. 결과가 노력에 비례한다면 운동 연습량에 비례하여 항상 좋은 결과가 나타나야 하는데, 그렇지 않은 것이다. 현상으로만 보면 성공은 연습과 노력에 비례하여 나타나야 한다. 하지만 대부분의 성공은 그것에 임하는 높은 마음상태에서 비롯되는 경우가 많다. 그러니까 연습과 노력은 성공으로 가는 준비과정인 것이지 성공과 대면하는 거울은 아니다.

사업에 실패하여 거리를 배회하던 한 노숙자가 있었다. 이 사람은 막노동을 하며 거리에서 잠을 잤지만, 자신의 현실을 비관하지는 않았다. 오히려 "언젠가는 다시 일어서고 말 테다."는 강한 신념에 차 있었다. 비록 '부랑자' 라는 소리를 들었지만 생각은 항상 긍정적이었으며, 밝고 희망에 차 있었다. 결국, 그는 어느 날 불연 듯 떠오른 아이디어 하나로 다시 일어섰다. 그가 바로 '두 바퀴 보드' 를 개발하여 로열티만 수백억 원을 기록한 벤처기업 사장 강신기이다. 그는 훗날 자신이 이렇게 다시 일어설 수 있었던 것은 오직 희망을 잃지 않았기 때문이며, 작은 일부터 하나하나 쌓아올리자는 신념이 있었기에 가능했던 것 같다고 말했다. 현실에 굴복하지 않고 성공으로 가는 마음의 출구를 항상 열어두었던 것이다.

「마인드 파워」를 쓴 작가 존 키호는 책에서 "풍요로운 생각이 우리의 삶을 풍요롭게 만든다."라고 했다. 우리가 무슨 생각을 하느냐에 따라 인생이 달라질 수 있다는 것을 지적한 것이다. 사실 우리는 성공을 만들고자, 인생의 행복을 가꾸고자 조바심만 내었지, 여유 있게 그것을 바라보고 마음을 다스리는 데는 매우 미흡하다. 욕심이 앞서면 무슨 일이든 그르칠 수 있듯이 행동보다는 마음을 다스리고 준비를 하여야 하는데 마음이 아닌 몸만 앞세워 내달려 왔다. 존 키호는 "우리의 마음은 정원과도 같아서 어떻게 씨를 뿌리고 가꾸느냐에 따라 현재의 삶과 미래가 변화하게 된다."라고 말한다. 아울러 "우리가 상상하는 모든 것들은 마음속에 있다."는 말도 잊지 않는다.

할 수 있다는 것과 할 수 없다는 것은 사실 "할 수 있다."는 믿음을 가지고 있느냐 그렇지 않느냐에 따라 결정된다. 마음에서부터 성공과 실패가 결정지어지는 것이다. 우리의 마음은 이상적인 것일 수도 있고 단지 허상虛想에 그치는 것일 수도 있다. 하지만, 내 안에 현실을 창조하는 그림이 있는가와 그렇지 않은가는 천지 차이다. 거기에서부터 현실과 미래가 창조되기 때문이다. "인간은 위대하다.", "할 수 있거든이 무슨 말이냐?" 등의 위대한 경구들도 바로 이러한 '마음의 힘'을 강조한 것이라고 할 수 있다. 자기 안에 내재한 의식을 깨움으로써 그것을 실현할 수 있다는 진리를 일깨워주는 것이다.

원하는 모든 것을 마음속에 새겨 넣어라. 그리고 매일 같이 그것이 실현되는 꿈을 꾸어라. 그것만으로도 우리는 목표에 근접할 수 있다. 이것이 마음의 힘으로부터 우리가 기둥같이 일어서는 길이다. 그러자면 매사에 긍정적인 사고를 갖고 스스로 "할 수 있다.", "나는 좋아지고 있다."는 등의 자기암시를 걸 필요가 있다. 자신을 목표에 도취하도록 하고 마음으로부터 그러한 힘을 유발해 내면 분명히 성공으로 가는 길을 발견하게 될 것이다. 그러자면 내 안에 정답이 존재한다는 사실을 믿음으로 가지고 있어야 한다.

31 형식의 틀을 벗어라, 신뢰를 쌓아라!

지난 2004년, 삼성SDI 김순택 사장이 찜질방에서 신임 부장 23명과 회의를 했다고 해서 언론에 소개된 적이 있다. 사무실을 벗어난 공간에서의 파격적인 미팅과 업무회의는 점차 늘고 있다. 이 중 웰빙 훈풍을 타고 '신세대 목욕탕' 으로 자리매김한 찜질방은 격식 없는 최적의 대화 장소로 꼽힌다. 벤처 열기가 시작될 즈음 테헤란로를 중심으로 확산된 '찜질방 경영' 은 이후 찜질방 면접, 찜질방 대면식, 찜질방 강좌 등으로까지 확대돼 그 행보를 이어오고 있다. 간혹 신입사원 면접과 중요 업무회의 등 외부 노출이 다소 우려되는 행사들도 파격적으로 이루어지는 것을 보면 '노출' 보다 '파격과 개방' 이라는 시대적 키워드를 더 중시하고 있음을 알 수 있다.

감성 스페이스가 강조되는 일차적인 원인은 활발해진 CEO들의 감성 행보 때문이라고 할 수 있다. 이제 CEO들은 과거 상명하달식 지휘체계로 조직을 이끌 수 없게 됐다. 합리적이고 서구화된 신세대들의 의식구조가 이것을 허용하지 않을뿐더러 개방된 풍조 하에서 폐쇄적으로 조직을 이끌었다가는 곧장 도태의 늪으로 빠져들 수밖에 없다. 감성경영 문화는 기업 내부 차원에서 그치지 않고 점차 지역과 사회 전반으로 확대되는 경향을 보이고 있다. 주로 음성 꽃동네 방문이나 임직원이 참여하는 소외계층 돕기 형식이 많지만, 윤리경영과 환경경영이 강조되면서 사회봉사가 기업문화 차원에서 이루어진다는 점은 환영할 만하다.

감각적이고 이색적인 기업문화는 한결같이 펀Fun이라는 공통분모에서 출발한다. 무엇보다 임직원이 가치 있는 일에 신나고 재미있게 임할 수 있어야 하고, 경영자와 기업이 그러한 문화를 조성해 주어야 한다는 측면에서 강조되고 있다. 이는 '좋아하는 일을 맡기고, 직원이 그것을 마음껏 즐길 수 있도록 하라.' 는 큰 명제와도 맞닿아 있다. 또한 기업 처지에서 볼 때, 훨씬 더 인간적으로 직원들에게 다가서게 한다는 측면에서 이점이 있다. 직원들과 유연하게 대면하고 생각을 나누는 것만으로도 기업은 돈으로 환산할 수 없는 막강한 내부경쟁력을 쌓아올리게 된다. 이것은 미래를 담보하는 일이기도 하다.

틀을 깨라, 직원 가슴에 열정을 지펴라

색다른 기업문화의 등장은 사실 신세대들이 주류로 떠오를 때부터 예고되었다. 여기에 종전의 획일주의적 틀을 깨는 창조적 발상으로 기업문화가 정착되어야 생존할 수 있다는 시대적 인식이 자리하면서 불씨가 확산하였다. 감성적인 측면에서의 기업문화는 신바람Fun 경영이 강조될 무렵부터 그 싹을 틔우기 시작했다. 이런 관점에서 보면 과거 새해 벽두에 임직원들이 산꼭대기에 올라 함성을 지르며 해맞이를 할 때부터 감성 매니지먼트는 시작되었다고 할 수 있다.

기업과 경영자가 임직원을 바라보는 각도가 달라진 것은, 바로 그곳에 경쟁력이 있기 때문일 것이다. 과거 경영자들은 생산의 3요소를 토지, 노동, 자본이라고 보았고 경제학에서도 이를 그대로 규정하고 있다. 그러나 현대 경영에서 경쟁력의 원천은 자본, 기술, 경영능력으로 재구성되었고, 벤처기업도 이들 3요소를 성패의 주된 요소로 인식해 왔다. 하지만 이는 피터 드러커가 주장하는 21세기 지식경영의 관점에서 볼 때, 중요한 한 가지가 빠진 것이다. 그것은 바로 '사람'이다. 피터 드러커는 '21세기에 경영의 영역은 조직 내부에 있다.'라고 규정한다. 실제로 이러한 추세는 거의 현실이 되었다. 직원을 감성적으로 깨우치고, 거기에 열정을 보태라는 것은 이제 거의 명제가 되었다. 인재경영, 인재경영을 외치는 데,

조직에 생기를 불어넣어 열정 컴퍼니를 만드는 것은 여기에서 한 발 더 나아가 그들을 신명나게 하는 강력한 모르핀 주사를 맞히는 것과도 같다고 말하고 싶다. 하지만, 한 가지 분명하게 기억해야 할 것이 있다. 그것은 이벤트만으로 직원들의 신뢰를 사려고 하지 말라는 것이다. 직원과 어울려 함께 마라톤을 하고, 가운을 입고 찜질을 하며, 삼겹살 회식을 미술관 관람으로 대체했다고 해서 그들의 코드에 맞추었다고 생각한다면 큰 오산이다. 감성경영이 트렌드이기는 하지만 일회성으로 접근하는 감성 매니지먼트는 오히려 해악이 될 수 있다는 점을 간과해서는 안 된다.

신뢰경영Trust, 신바람경영Fun, 열정적인 사고Kids의 세 가지를 신조로 감성코드를 확산하는 데 열중하고 있는 KTF는 벌써 수년째 'KTF적인 생각'이라는 슬로건을 내세우며 임직원들을 포용하는 정책을 펼치고 있다. 그동안 'KTF적인 생각'의 실천으로 제반 경영 부문에 적잖은 성과를 거둔 것으로 알려졌는데, 중요한 것은 '벌써 수년째' 이 운동을 지속해 오고 있다는 점이다. '경영은 문화다.'라는 표현은 하나도 지나침이 없다고 단언하고 싶다. 문화는 어떠한 관행이 습관처럼 굳어진 상태를 의미한다. 임직원을 형제처럼 신뢰하고 그들과 함께 호흡할 수 있기까지는 시간이 필요하다. 상술의 시각과 유행을 배제하고 인내와 신뢰로 공생하려는 의지가 절대적으로 필요한 이유도 여기에 있다.

32 한담(閑談)의 경쟁력

한 흑인 여성이 제품 조립라인에서 비지땀을 흘리고 있다. 한창 작업에 몰두하던 여성은 어느 순간 조립라인을 조금만 바꾸면 생산성이 크게 높아지지 않을까 생각하게 된다. 곧장 상사를 찾아간 이 여성. 하지만, 상사는 "엉뚱한 생각하지 말고 일이나 열심히 하라."고 면박을 준다. "그렇지, 내가 왜 괜한 생각을 해 가지고…." 자존심이 상한 여성이 혼잣말을 하며 돌아간다. GE에서 실제로 있었던 일이다. 우리 생산 현장에서도 쉽게 볼 수 있는 장면이 아닌가? 그런데 GE의 이 흑인 여성은 얼마 뒤, 자신의 제안대로 생산라인이 바뀌어 있는 것을 눈으로 확인하게 되었다. 이 일이 있고 얼마 후 열린 사내 자율토론 시간에 안건을 재차 거론한 것이 경영진에게 반영된 것이다.

GE에는 'Work-out Town Meeting' 이라는 제도가 있다. 한담閑談을 비즈니스 용어로 풀면 이쯤 되지 않을까 싶다. Work-out Town Meeting은 GM의 모든 사원들이 직급에 관계없이 자유롭게 토론하는 자리이다. GE의 전 회장 잭 웰치는 이 미팅의 주요 손님으로 참석했다. 기발한 아이디어로 시장을 장악하고 있는 글로벌 기업들을 들여다보면 GE처럼 최고경영자와 사원들이 격의 없이 자유로운 토론을 하는 시간이 많다는 것에 놀라게 된다. 건설적인 의견수렴과 자유로운 아이디어의 도출을 통해 시너지를 넓혀나간다는 점이 공통분모다.

또 다른 기업, 모토로라를 보자. 모토로라의 기업문화는 '개방'과 '자율'로 함축된다. 어떤 분야, 어떤 직급의 직원이건 자신의 의견을 아무 때나 경영진에게 개진할 수 있는 곳이 모토로라다. 이른바 '오픈도어 정책'은 모토로라를 개방적이고 창의적으로 만드는 기초가 된다.

휴렛패커드도 사내 커뮤니케이션과 자율을 중시한다. 이 회사에는 오전 10시와 오후 3시에 각각 15분간의 'Coffee Break'가 주어진다. 직원들은 휴게실에 모여 한가롭게 이야기를 나누는데, 놀랍게도 HP의 경쟁력이 여기에서 나온다는 말이 나올 정도다. 각종 창의적인 아이디어가 이 시간에 쏟아지기 때문이다. HP는 또 '순회경영' MBWA: Management By Wandering Around이라는 것을 운영하는데, 관리자들이 약속하지 않더라도 아무 때나 구성원들과 만나 친근하게 대화를 나눌 수 있도록 한 제도다. 관리자뿐 아니라 부하직원도 아무 때나 관리자를 방문해 '농담'을 걸 수 있음은 물론이다.

앞선 기업문화로 유명한 일본의 혼다도 '한가한 담소'를 즐긴다. 혼다는 누구에게도 개인사무실을 제공하지 않는 것으로 유명하다. 혼다에서 방문을 걸어 잠근 관리자를 찾는 것은 있을 수 없다. 또 직급에 관계없이 누구나 똑같은 카페테리아 식당에 마주 앉아 식사한다. 업무공간에서나 휴식공간에서나 자연스럽게 어울리고 대화를 할 수 있게 되어 있는 것이다. 이런 이유로 혼다에는 국제적으로 유명한 '혼다 아이디어 콘테스트'라는 것도 있다.

직원들이 한가롭게 어울려 커피를 마시며 노닥거린다고 하는 시대는 지나갔다. 그런 의미에서 한담閑談은 주어진 일에 갇혀 당장의 경쟁력에 몰두하는 것보다 훨씬 더 미래지향적이고 창의적이며 가치 지향적이라고 말할 수 있다. 우리의 사명은 '경쟁력이 끝없이 이어지는 미래를 만드는 것'이다. 그런 차원에서 미래를 이야기하고 현실을 토론하는 '자유로운 수다'는 필요하다. 그것이 한담閑談의 경쟁력이다.

33 감성경영은 기업을 오케스트라로 만드는 것!

경영에 감성을 접목한 '감성경영'이라는 키워드가 부쩍 많이 입에 오르내렸다. 최근 들어서는 기업 경영인이나 팀장급 이상 관리자들이 듣기 좋아하는 말이 되기도 했는데, 그만큼 우리 사회가 '감성화' 되었다는 이야기로 들린다. 감성경영이라는 용어는 미국의 심리학자 다니엘 골맨Daniel Goleman이 '감성지수'EQ: Emotional Quotient라는 말을 만들어내면서 비즈니스 세계에 확산된 용어다. 그는 감성을 '정서 면에서의 지성Emotional Intelligence'이라고 표현하였는데, 우리 사회가 더욱 감성지능화 될 필요가 있다고 주장했다.

감성경영은 쉽게 말해서 이성적인 판단과 행동이 수반되는 기업 경영활동에 감성의 메커니즘을 적용한 것이다. 일반적으로 비즈니스는 초관리를 전제로 하고 합리적인 의사결정과정과 이에 따른 철저한 실행계획을 요구받는다. 따라서 감성적이라기보다는 매우 이성적이고 냉철한 활동 영역이다. 양분해서 보면 목적이 분명한 비즈니스 세계에 '감성' 이라는 용어는 어울리지 않는 것이다. 그렇다면, 지극히 이성적인 분야인 기업 경영 환경에 왜 이 시점에서 '감성' 이라는 키워드가 끼어들게 되었을까?

과거 기업 경영 환경은 이른바 불도저식 공격경영으로 성장과 성공을 쟁취하는 식이었다. 이런 공격적인 비즈니스 구조 아래서는 카리스마가 뛰어난 리더가 있고 이 리더를 중심으로 모든 기업 경영 활동이 영위되는 성향을 보이는데, 그렇다 보니 계층적인 조직문화와 상명하달식의 지휘계통이 존중되는 기업문화가 생겨날 수밖에 없었다. 그런데 점차 사회가 다변화되고 수평적인 구조로 재편되면서 리더 중심의 조직 구조로는 더 이상 경쟁에 대응하기 힘들게 됐다. 아울러 세계적으로도 팀제의 도입과 권한분권적인 시스템이 적극적으로 도입되면서 조직과 조직문화, 기타 매니지먼트 차원의 관리가 리더십 못지않게 중요한 요소로 부각됐다. 크게 보면 이러한 변화로부터 감성 트렌드가 생겨나기 시작했다고 할 수 있다.

실제로 오늘날의 비즈니스 전선은 더는 경력이 많은 관리자가 경력이 적은 하위의 부하직원을 관리하여 부가가치를 창출하는 방식으로 전개되지 않는다. 이보다는 관리자의 지식이 미치지 않는 첨단화되고 전문화된 새로운 영역 또는 인재들을 관리자가 얼마나 잘 관리하고 열정을 북돋느냐가 더욱 중요한 이슈가 된 것이다. 감성경영은 이렇게 수평적이고 다변화된 조직문화를 기업의 목적에 맞게 재구성하고 아울러 그 속에 속한 임직원들이 서로 믿으며 즐겁게 일할 수 있는 문화를 만들기 위한 경영의 한 방법이 된다. 하지만, 구성원들의 역할이 모여 조직을 여러 갈래에서 감성화하고 신뢰성 있게 만든다는 점에서 단지 리더나 관리자에게만 필요한 덕목은 아니다.

감성경영은 쉽게 보면 전체적으로 조화를 이루는 지휘자가 있고 지휘자의 지휘에 맞추어 제각기 다른 악기를 연주하는 임직원들이 모여 아름다운 하모니를 내는 오케스트라와 같은 조직운영 방식이라고 할 수 있다. 그 때문에 지휘자도 중요하지만 그 속에 속한 개개인의 역할도 매우 중요하다. 흔히 감성경영을 이야기할 때 조직원을 개개인의 역량이 더없이 중요한 래프팅 선수에 비유하는 것도 이런 이유다. 결국 조직 전체가 합리적인 문화와 신뢰의 큰 틀 안에서 서로 존중하고 믿으며, 조직원 개개인의 차원에서는 감성적인 역량을 충만하게 내재하여 궁극적으로 기업의 잠재적 역량을 극대화하는 것, 이것이 감성경영의 요체라고 할 수 있다.

그러면 감성경영을 통해 기업은 구체적으로 어떤 성과를 거둘 수 있을까? 결론적으로 감성경영을 통하면 '혁신'이라는 거친 용어를 사용하지 않더라도 조직을 변화시킬 수 있다. 혁신의 궁극적인 목적이 조직의 틀 자체를 새롭게 바꾸는 것이라면, 감성경영은 틀을 바꾸는 과정에서 수반되는 아픔과 고통을 피하면서 목적을 이룰 수 있다는 차이가 있다. 이런 측면에서 최근 기업에서는 감성을 경영 전략적인 측면에서뿐만 아니라 마케팅의 관점에서도 적극적으로 도입하는 움직임을 보이고 있는데, 이의 대표적인 국내 성공 사례가 오리온의 초코파이 '情 시리즈' 라고 할 수 있다. 초코파이는 '情 시리즈' 감성마케팅을 통해 중국시장에서 선풍적인 인기를 끈 바 있다.

해외로 눈을 돌리면 사례는 더욱 많다. 이 중에서 우리가 익히 아는 스타벅스의 감성경영 사례는 매우 인상적이다. 스타벅스는 출발 당시부터 커피를 파는 장소가 아닌 '문화를 파는 장소' 로 자신을 포지셔닝 했고 그 결과로 '커피를 마시면서 즐거워하고 친밀해질 수 있는 곳' 이라는 개념을 소비자들의 뇌리에 각인시키는 데 성공했다. 이 밖에도 주류시장에서 '美 마케팅' 으로 돌풍을 일으켜 주류업계의 광고 판도를 바꾸어놓은 윈저 17년산이나 트리플 크라운Triple Crown을 5년 연속 수상하며 고객들로부터 폭발적인 인기를 끄는 사우스웨스트항공, 직원들의 감성역량을 극대화해 재무컨설팅 사업부문의 매출을 획기적으로 끌어올린 아메리칸익스프레스 등을 예로 들 수 있다. 기업 경영방식과 문화를 아예 감성화한 사례도 있는데 오라클이 대표적인 경우다. 오라클은 '신탁神託' 이라는 의미의 회사 이름에서도 알 수 있듯 '평등주의' 와 '자율경영' 을 원칙으로 삼고 있다. 실제로 이 회사는 직급의 구분이 없으며 누구든 창의적인 아이디어를 개진할 수 있지만, 그렇다고 방종으로까지 이어지지는 않는다. '자율'과 '평등'에 걸맞은 갖가지 제도와 문화를 동시에 갖춤으로써 자율적인 분위기 속에서도 창조적인 혁신이 일어날 수 있도록 한 것이다.

감성경영은 이렇듯 변화를 꾀한다는 점에서 다소 혁신적인 측면이 있지만 조직을 보다 유연하고 합리적으로 재편한다는 점에서, 그리고 감성적인 사내문화를 통해 구성원들의 잠재력을 최대한 이끌어낸다는 점에서 기업과 직원 그리고 고객, 삼자를 모두 만족하게 하는 것이 된다.

34 감성의 시대, 감성으로 거듭나라!

감성코드가 회자되는 분위기는 사회적 분위기에서 그 원인을 찾을 수 있다. 과거 70~80년대 고 성장기에는 이런 단어가 대우받지 못했다. 이보다는 '합리적이고', '냉철하며', '이성적인' 행동규범이 상대적으로 높게 평가됐다. 재계에서도 불도저식 경영과 체계적인 조직체계로 시장변화에 매우 공격적인 기업이 성공한 사례가 많았다. 그야말로 너나없이 앞만 보고 내달리던 시기였으므로, 감성이라는 코드보다는 당장 성과가 분명하게 나타나는 이성적이고 합리적인 사고체계가 지배하던 시기였다고 할 수 있다.

이러한 사고체계는 90년대 후반까지도 그대로 이어졌다. 여기에 서구의 문화양식과 사고방식이 유입되면서 우리의 의식구조도 크게 달라졌다. 상투적으로 표현되는 엘리트식 생활 패턴이 굳어진 것도 이 시기를 전후해서라고 할 것이다. 이후 삶의 질이 선진국 수준으로 높아지고 개성과 문화의 다양성이 크게 확산되면서, 재계에 불던 불도저식 기업 경영 방식은 소리 소문 없이 사라져 버렸다. 한순간에 몰락을 경험케 한 IMF는 이러한 의식변화를 몰고 온 큰 정점이 되었을 것이다. 원칙과 기준에 얽매이는 사고보다는 탄력적으로 대응할 수 있는 유연하고 소프트한 사고가 변화의 시대에 생존을 담보하는 더 나은 대안이라는 것을 위기를 통해서 깨달은 것이다. 청년실업과 조기 명예퇴직, 잦은 구조조정 등 고용환경의 변화도 영향을 미치는 계기가 됐을 것이다. 망하는 기업이 늘고 고용여건이 불안해지자 무엇보다 신뢰 그 자체가 중요한 항목이 되었다. 이는 신뢰경영의 확산과 '코드가 맞지 않으면' 한 시도 붙어 있지 않겠다는 근로자들의 의식변화로 이어졌다. 고용환경이 불안정했지만 동시에 자발적인 유동 이직인구도 늘었다는 점이 이를 입증한다.

경영자들이 신뢰경영이라는 구호를 외치기 시작했다는 것은, 이미 감성적인 측면에서 경영을 바라보기 시작했다는 것을 의미한다. 신뢰와 감성은 하나의 코드 범주 안에 있다. 감성경영을 이야기할 때 '신뢰' 라는 단어가 꼭 들어가는 것도 이런 이유다. 감성과 신뢰, 이런 키워드가 존중되는 시대에서는 기존의 낡은 리더십과 경영기법은 당연히 후퇴할 수밖에 없다. 사실 감성경영을 실천하는 기업은 90년대 중반부터, 또 그 이전에도 있었다. 그러나 당시의 감성경영 실천 수준은 매우 저급하고 초보적인 수준에 그쳤다. 대부분 일시적인 효과를 노린 이벤트 또는 캠페인성 구호에 머물렀던 게 사실이다. 심지어는 내부 직원들에게 매우 혹독하고 냉혈적인 CEO로 비친 인물이 감성경영자로 신문지상에 등장하는 사례까지도 있었다.

내부에서 존경받지 못하는 CEO가 감성경영자로 둔갑하는 것을 넘겨버려서는 안 된다. 이는 고객과 대중을 속이는 일이다. 규모가 크고 공개된 기업일수록 철저하게 투명해져야 하고, 지휘봉을 잡은 CEO의 도덕성과 정직성은 안팎에서 맑은 색상으로 같아야 한다. 흔히들 사회정의가 바로 서야 한다고들 말하는데, 감성경영에서도 이런 올바른 정의는 반드시 선행돼야만 한다. 감성경영은 기업이 신뢰를 기반으로 진솔하고 투명하게 변화하여 고객에게 믿음직스럽고 신망이 두터운 존재로 거듭나는 것이다. 보다 진실하게 내부고객직원과 외부고객소비자을 대하는 것. 이것은 감성경영의 기본이다.

기업의 특성적인 측면에서 보면 감성 리더십은 '지능적이고 혁신적인 기업문화를 이끌고자 구성원들의 미세한 감정까지 제어하는 것'이 되는데, 이는 포괄적으로 리더가 먼저 감성화 되어야 한다는 것을 의미한다. 주지할 것은, 감성을 먼저 기업의 목표와 연결짓지 말라는 것이다. 감성경영은 순수한 의도에서 비롯되어져야 한다. 리더가 조직원을 진실하게 존중하고 신뢰하며, 믿음의 원칙

아래에서 감수성 있는 매니지먼트를 할 때 그에 걸맞은 감성의 성과가 나타난다는 것을 기억해야 한다.

또 한 가지는 감성경영이 말처럼 절대 쉽지 않다는 사실이다. 이는 자신을 변화시키는 일이며, 더불어 타인을 변화시키는 일이다. 이는 자신과 타인을 '혁신' 시키는 것과도 같다. 필자가 감성경영 책을 집필하면서 감성의 본질에 대해 고찰한 바에 따르면, 천성적으로 감성적이지 못한 성향의 CEO라면 처음부터 다른 방식의 리더십을 체득하는 게 훨씬 낫다는 결론을 내렸다. 전혀 감성적이지 않은 리더의 외면적인 감성행동은 절대로 경영 효과를 낳을 수 없기 때문이다.

감성역량의 본질 파악하기

감성感性은 이성理性에 대비되는 표현이다. 저 끝에 이성이 있다면 그 반대편에 감성이 있다. 감성경영, 감성리더십이 쉽지 않은 것은 바로 이 때문이다. 목표를 전제로 두고 감성을 행하거나, 일시적인 효과를 노린 감성경영이 효과를 보지 못하는 것도 이런 이유 때문이다. 경영은 이성적인 행동이다. 냉정하고 치밀한 계산이 뒤따르는 분야가 비즈니스다. 비즈니스는 실적과 목표가 그 지향점이다. 반면 감성의 지향점은 신뢰다. 감성의 수단이 사랑과 믿음, 배려, 관심 등이라면 이성의 수단은 합리적인 기준, 원칙, 체계적인 조직구도 등이다. 그 때문에 이성적인 CEO가 감성적인 CEO가 되려면 먼저 자신의 포지셔닝을 새롭게 할 필요가 있다. 이성의 자리에서 손짓만으로 감성을 불러서는 곤란하다. 단지 조직원들과 얼굴을 맞닥뜨리고 대화를 나누고, 유머를 선보인다고 해서 해결되는 게 아니다.

학자들이 제시하는 감성 역량의 기본 요소들도 이런 맥락에서 해석되고 있다.

감성역량의 4요소

1. 자기 인식 능력 Self-Awareness
2. 자기 관리 능력 Self-Management
3. 사회적 인식 능력 Social-Awareness
4. 관계관리 능력 Relationship-Management

자기 인식 능력은 자신의 가치관, 감정상태, 목표점 등 본인의 현재 상태를 정확히 인식하는 단계이다. 자신을 포지셔닝 하는 것이다. 자기 관리 능력은 자신을 스스로 통제하고 다스리게 되는 단계다. 감성의 기본 능력을 겸비하고 수련하는 과정이다. 감성적인 마인드, 타인에 대한 새로운 시각으로의 접근 등이 이 과정에서 이루어질 수 있다. 자신에 대한 인식과 제어가 기반이 되면 이제 구성원의 감정 상태를 깊이 이해할 수 있는 능력을 갖추어야 한다. 이것이 사회적 인식 능력이다. 이것은 감성을 통한 타인의 성찰과 감성커뮤니케이션의 단계이다. 관계관리 능력은 1, 2, 3단계를 기반으로 자신과 타인을 탄력적으로 핸들링하는 단계이다. 이 구간에서는 고도의 설득력, 피드백, 코칭, 동기부여, 관심유발 등 다양한 경영 기법이 수반될 수 있다.

35 '감성회사, 감성직원' 만들기

비즈니스는 합리적 사고와 냉철한 판단이 요구되는 분야다. 그래서 비즈니스맨은 이성적으로 사고하고 행동하는 것이 습관화되어 있어야 한다. 하지만 비즈니스 활동은 사람들과의 관계이기도 하다. 따라서 모든 경우가 다 이성적일 수는 없다. 때에 따라서는 감정적일 수도 있고 정을 중시해야 하는 경우도 있다. 우리에게는 냉철한 머리가 필요하다. 하지만 따뜻한 가슴을 가지고 있어야 온화하고 협력하는 분위기를 만들 수 있다.

이제 '감성Emotion' 이라는 단어는 세 살배기 어린 아이도 아는 단어가 되었다. 기업가들과 직장인들도 이제 감성이 필요하다는 것에 이의를 달지 않는다. 나는 오늘날 '감성' 이라는 키워드가 크게 부각된 이유를 산업의 진화에서 찾는다. 과거 공급이 수요를 따르지 못했던 시기를 생각해 보자. 이 시기에는 늘 공급이 부족했기 때문에 소비자들은 물건을 구하려고 줄 서는 것을 마다하지 않았고 불만을 토로하지도 않았다. 물품이 다양하지 않고 그나마 원하는 제품도 구하기 어려웠으므로 공급자가 소비자보다 우월한 지위를 갖고 있었던 것이다. 하지만 오늘날의 환경은 그렇지 않다. 소비자들은 제품을 비교해가며 살 수 있게 되었고, 공급자들은 제로섬 게임에 시달릴 만큼 늘 경쟁자들과 경쟁하여야 한다. 이런 환경 하에서는 당연히 소비자가 공급자보다 우월한 지위를 갖는다. 오늘날 대부분의 기업들이 소비자 지향적인 마인드로 무장하고 소비자를 찾아 나서는 마케팅을 펼치는 것은 이런 결과에 기인한다. A/S와 고객을 감동시키는 이벤트, 할인행사…. 이런 것들은 모두 우월적인 지위를 갖게 된 소비자를 서로 모셔가려는 경쟁에 불과하다.

또 한 가지는 사회가 다양화, 복잡화되었다는 점이다. 현대사회는 획일적인 잣대보다 복합적이고 탄력적인 잣대로 측정되어진다. 기업의 인재관도 변해서 과거에는 한 가지라도 똑 부러지게 잘 하면 된다고 생각했지만, 지금은 한 명의 인재가 10만 명을 먹여 살릴 수 있어야 한다고 생각한다. 다양한 사고와 능력을 지닌 인재를 선호하는 것이다. 이런 다양성의 사회에서는 그것을 인정하고 받아들이려는 문화가 필요하다. 과거와 같은 획일적인 잣대가 아닌 다양한 잣대와 문화가 필요해진 것이다.

감성이라는 키워드는 크게 이러한 두 가지의 변화에 의해 시대적으로 주목받게 되었다고 말할 수 있다. 획일적이고 상의하달식인 기업풍토가 빛바랜 전통이 된 것처럼 이제는 창의적이고 자율적이며 독창적인 기업이 선호 받는 시대가 된 것이다. 그리고 이러한 분위기는 기업 내부에서부터 고객에 이르기까지 전방위적으로 기업 내·외부에 필요한 요소가 된 것이다.

감성회사, 어떻게 만들까?

그렇다면 감성회사는 어떻게 만들 수 있는가? 감성조직을 만들려면 우선 기업이 변해야 한다. 정확히 말하면, 기업의 리더와 임직원이 모두 감성화 되어야 하고, 제도적으로 이것을 뒷받침해야 한다. 감성화 된다는 것은 복합적인 의미를 담고 있다. 그것은 따뜻한 가슴에 걸맞은 진실성과 투명성이 전제되어야 한다는 것이고, 신뢰와 상식으로 조직화 되어야 한다는 것을 의미한다. 아울러 기업 내·외부가 윤리적이어야 한다는 것이고, 조직이 올곧게 고객들에게 소프트하고 감동적인 활동을 선보여야 한다는 것을 말한다.

이를 위해서는 앞서 설명한 대로 먼저 기업의 리더가 변해야 하고, 임원진과 중간관리자, 실무자들이 모두 변해야 한다. 이렇게 모두가 변화하면 합리적이고 냉철한 머리를 갖되, 감성적인 활동으로 고객을 대할 수 있다. 이제 기업의 슬로건은 과거와 같이 딱딱하지 않다. '협동', '단결', '인화' 등의 단어는 점점 사라지는 추세에 있다. 대신 '가족 같은 회사', '고객으로부터 사랑받는 회사' 등의 문구가 경영 방침에 등장하고 있다.

이야기한 대로 감성은 이성과 대비되는 것이다. 하지만 경영의 관점에서 감성은 기업 활동과 동떨어진 것이 아니다. 오히려 이성과 조화롭게 혼합해야 하고, 그렇게 해야만 하는 시대적 환경에 우리는 서 있다. 감성을 심고 움직이는 수단은 사랑과 믿음, 배려, 신뢰, 관심 등이다. 하지만 합리적인 기준과 원칙, 시스템이 없는 감성은 경영의 관점에서 아무런 의미가 없다. 감성을 심되 그것을 올곧게 측정하고 평가할 방안과 실천 양식이 동시에 필요한 것이다. 그러자면, 먼저 임직원들이 스스로 감성화 되어야 한다는 변화의 자세를 가져야만 한다.

늘 자유로워져라. 하지만 탄력적이어야 한다

회의기법 중 오늘날 널리 활용되는 것으로 브레인스토밍Brain-storming이 있다. 이 회의기법의 포인트는 회의 참석자들로부터 자유분방한 의사를 도출해 내는 것이다. 그 때문에 회의 참석자들이 자유롭게 발언할 수 있도록 회의 분위기를 최대한 편안하게 조성해 주는 것이 중요하다. 감성적인 사고를 하려면 위와 같이 사고의 끈을 아주 편안하게 유지하는 것이 좋다. 두뇌는 아주 편안한 상태일 때 최상의 아이디어를 쏟아낸다. 그러나 자신만 소프트해져서는 곤란하다. 자신을 출발점으로 조직원 전체가 감성적으로 변화할 수 있도록 자각하는 것이 중요하다.

조직을 감성적으로 변화시키려면 먼저 부하직원이나 동료를 과소평가 하는 자세를 버리고 인격적으로 존중하는 마음가짐을 가져야 한다. 아울러 조직 또는 동료에 관심을 갖고 평소에 상대방이 무엇에 흥미가 있는지 알아두는 것이 필요하다. 또 독단적인 의사 결정이나 추진보다는 부서 혹은 팀 간 유기적인 관계 하에서 업무를 추진하는 것이 효율적이지 않는지 점검해 보는 습관을 들이는 것이 좋다. 특히 독단적인 의사결정은 자칫 팀 분위기를 폐쇄적으로 이끌 수 있다. 또한, 동료를 실적으로 평가하기보다는 신뢰를 바탕으로 이해하도록 해야 한다. 아울러 항상 생기 있는 조직을 만드는 데 협조함으로써 조직 전체가 창의적인 분위기를 유지할 수 있도록 배려해야 한다.

조직의 감성을 키워라

미국의 대표적 생활용품 업체 중 하나인 프록터 앤드 갬블P&G에는 재미있는 사내제도가 하나 있다. 바로 '메모를 하지 않는 사람은 절대 승진할 수 없다.' 는 것이다. 직원 훈련 프로그램 개발에 아주 열성적이기도 한 P&G는 이 독특한 제도로 미국 내에서 독보적인 시장점유율을 자랑하며 전 세계 소비자 50억 명이라는 놀랄만

한 기록을 가지고 있다. P&G의 이 같은 유명세가 전적으로 메모하는 사내 문화에 기인하는 것은 아니지만 분석가들은 크리에이티브를 추구하는 P&G의 기업 문화가 시장을 확대하는 데 크게 일조했다는 것에 이의를 달지 않는다.

직원들의 창의력을 높이려면 우선 그에 걸맞은 조직문화를 형성해야만 한다. 이것은 경영의 관점에서 다루어져야 하는 것으로, 궁극적으로 기업문화를 어떻게 바꿀 것인가와 직결되는 문제이다. 그렇다면 현재의 조직이 감성적인가 비감성적인가는 어떻게 구분할 수 있는가? 먼저 조직이 사교적인가, 그렇지 않은가를 살필 필요가 있다. 만약 조직이 사교적이라면 부서 간 정보의 교류 및 공유가 상당히 빠르다고 볼 수 있다. 이 경우는 조직에 속한 사람들이 서로 긴밀한 유대관계를 형성해 동적인 업무 처리와 탄탄한 결속력을 과시한다. 그러나 그렇지 않은 경우는 정반대의 양상을 보인다. 정적인 업무 패턴으로 비능률적이고 폐쇄적인 조직문화를 형성할 가능성이 크다. 조직을 부드럽게 하는 것은 감성적인 조직을 만드는 데 반드시 필요한 요건이다. 따라서 위와 같이 폐쇄적인 조직문화를 갖고 있다면 하루빨리 이를 바꾸려고 노력해야 한다. 이것은 조직 간 커뮤니케이션 통로를 크게 확장시키는 첫 번째 요건이기도 하다.

그런데 사교성이 높은 조직이라고 해서 반드시 결속력이 높다고 볼 수는 없다. 조직 내 파벌 형성을 묵인하거나 부진한 사람을 내버려두는 형태의 조직이 그렇다. 최상의 조직은 물론 사교성과 결속력이 모두 좋다. 이런 회사는 조직 내에 공동체적 문화가 형성돼 평소 친하게 지내다가도 업무에는 전문가로서 행동하며, 또한 프로의식이 다른 어떤 집단보다도 높게 나타나는 특징이 있다. 창조적인 기업문화를 추구하는 기업들이 이 공동체적인 기업문화의 패턴을 도입하려는 것도 이 때문이다. 그러나 아무리 좋은 조직문화를 도입한다고 해도 걸림돌이 있게 마련이다. 이러한 걸림돌은 획일적인 명령체계와 같이 오랫동안 조직 내부에 뿌리 깊게 자리 잡아 온 것들이기 때문에 이런 경우는 먼저 이를 걸러내는 제도의 도입을 통해 전 사원의 마인드 변화를 꾀해야 한다.

36 오감 비즈니스

소비자만큼 현명한 존재는 없다고들 한다. 사실 소비자처럼 지혜롭고 이성적인 활동을 하는 그룹은 찾아보기 어렵다. 우유부단하고 흐릿한 판단을 하는 사람들도 소비할 때는 매우 이기적이고 이성적으로 행동한다. 소비자들의 호주머니를 풀어내기 어려운 것은 이런 점 때문이다. 하지만 반드시 그런 것은 아니다. 소비자들은 철저히 이성적이지만, 반면에 철저히 감성적이다. 단지(?) 오감五感에 의해 구매를 결정한다는 것만으로도 이를 충분히 알 수 있다. 이제 경영자들은 이른바 오감 비즈니스에 눈을 떠야 한다. 소비자들의 지갑이 아니라 그들의 감성에 호소할 필요가 있는 것이다.

CEO들의 이색 파티와 KT

지난 2006년 11월 29일. 서울 광화문 KT T샘홀에서 이색 파티가 열렸다. 매일경제가 주최한 'CEO 상상파티'라는 행사가 그것이었다. 이날 행사는 이계웅 할리 데이비드슨 코리아 사장이 오토바이를 타고 행사장에 나타나는가 하면 CEO 600초 강연과 플라밍고 공연, 강우현 남이섬 사장의 '엉터리 상상법' 강의 등 그야말로 이색 프로그램으로 행사가 꾸며졌다. 일단 행사장부터가 달랐다. 원형 테이블에서 조찬을 하며 연단의 강의를 듣는 기존의 CEO 모임과는 분위기가 완전히 딴판이었다. T샘홀은 공연과 전시가 동시에 가능하도록 설계된 일종의 다목적 홀로 KT가 고객들과 나눔행사를 하려고 마련한 곳이다. CEO들은 이곳 2층에서 숨겨진 간식거리를 찾아 먹으며 즐겁게 담소를 나누었다. 이른바 '상상 미식' 코너였다.

이날 행사에는 대기업과 중소기업 CEO 200여 명이 참석했고 작품 출품자들과 공연자들은 다양한 끼를 선보였다. 이 틈에 필자도 사진 2점을 선보였는데 작품들은 즉석 경매를 통해 자선기금을 마련했다. 행사는 그야말로 CEO들의 이색 파티 일색이었다. 놀라운 것은 신문사가 이러한 행사를 기획했고 CEO들의 문화적 향연이 수준 높게 이루어졌다는 점이다. 그렇다면 이날 행사의 가장 큰 수혜자는 누구였을까. 이날 행사의 가장 큰 수혜자는 행사를 기획한 신문사가 아니었다. 물론 신문사는 나름의 성공을 거두었다. 그러나 행사에 참석한 이들과 대중들은 KT가 마련한 장소에서 이색 향연이 펼쳐졌다는 것을 더 크게 받아들였을 것이다. 정리하면 'KT'와 '상상파티'라는 단어가 뇌리에 남는 것이다. 실제로 이날 행사는 여러 회에 걸쳐 비중 있게 기획기사로 다루어졌다. 그때마다 행사장을 빌려주고 지원해준 KT가 등장했음은 물론이다. 결과적으로 KT는 신문사와 더불어 즐거운 행사를 기획하고 그에 따른 홍보효과를 톡톡히 거둔 셈이 됐다. 게다가 '상상파티', '상상 미식' 등은 '감성' 브랜드를 지향하는 KT의 코드와 절묘하게 맞닿아 있다. KT는 이를 통해 큰 비용을 들이지 않고도 오감을 자극해 기업의 아이덴티티를 극대화하고 브랜드 인지도를 크게 높인 것이다.

예술가가 기업인을 상대로 벌인 감성 마케팅

또 다른 행사를 보자. 역시 2006년 말 서울 하얏트호텔 리젠시룸. 동요로 성인들의 감성을 일깨우는 피아니스트 윤효간 씨가 100여 명의 CEO 및 각계 인사들을 초청해 오찬을 하며 공연을 벌였다. 윤효간 씨는 서울 압구정동 발렌타인극장에서 〈피아노와 이빨〉이라는 공연을 해온 예술가이다. 〈피아노와 이빨〉은 피아노 연주에 맞춰 화가가 퍼포먼스 형태로 그림을 그리고, 연주 도중에 게스트를 등장시켜 이야기를 듣는 '공연+토크' 식의 공연이다. 이날 행사는 그동안 참여했던 게스트들을 연말을 맞아 초청, 리마인드 공연을 한 것이었다.

필자도 참석한 이날 오찬에는 면면이 있는 재계의 CEO들과 학계 인사들, 그리고 말리 홀트 여사와 같이 사회사업을 하는 분들이 두루 섞여 있었다. 이들은 잔잔한 음악이 흐르는 가운데 식사를 하며 이야기를 나누고 피아노 연주를 들었다. 연회장 주변에는 그동안 게스트들이 참여했을 때마다 그려진 그림들이 전시돼 흥을 더했다. 식사 중에는 윤효간 씨의 즉석 피아노 연주가 곁들여졌다. 오찬 행사치고는 석찬에 버금가는 한껏 멋스러운 분위기였다.

눈여겨볼 대목은 이날 오찬이 기업이 아닌 한 피아니스트에 의해 기획됐다는 점이다. '기업과 예술인들과의 만남'은 지금껏 종종 있어왔지만 대체로 기업이 행사를 기획하고 돈을 지급하는 형태였지, 예술인이 기업가들을 초청해 '대접'을 한 예는 없었다. 그런 점에서 이날 행사는 기업이 펼칠 감성마케팅을 한 예술가가 기업인들을 상대로 거꾸로 그것도 멋스럽게 벌였다는 점에서 시사하는 바가 컸다. 모름지기 이 자리에는 파코메리 박형미 사장 등 재계 CEO들이 다수 참석했는데 자신들의 전문 분야로 알고 있었을 감성 마케팅을 예술가로부터 한 수 배운 것이다.

이제 비즈니스는 더는 이성적이지 않다. 소비자들은 여전히 합리적인 소비를 하지만, 동시에 감성적인 분위기를 갈구한다. 자신들의 가슴을 뜨겁게 달궈줄 기업과 이벤트를 부단히 찾아나서는 시대이다.

경영자들의 마인드는 이제 탈脫 이성적으로 변해야 한다. 하이브리드형 제품이 속속 등장하고 있지만, 소비자들은 감성적이고 심플한 디자인에 매료된다는 사실을 기억할 필요가 있다. 공감의 포인트가 질質에서 감感으로 옮겨가는 것이다. 이쯤 되면 경영자들은 내부고객이든 외부고객이든 오감을 적극적으로 자극하는 경영기법을 구사해야 한다. KT 남중수 사장이 자신을 스스로 Chief Entertainment Officer최고 놀이꾼라고 칭하며 즐거운 파티를 벌이는 것처럼 말이다. 소비자들과 시대를 즐겁게 할 감성感性과 오감五感의 CEO들이 속속 생겨나길 기대해 본다.

37 의사 합치를 위한 신경망 구축

커뮤니케이션이 중요시되는 시대에 우리는 살고 있다. 간단히 보면 '의사소통이 얼마나 빠르고 정확한가?' 에 대한 문제이지만, 아쉽게도 우리는 알게 모르게 '잘못된 의사전달' 을 반복하는 경우가 많다. 그만큼 자신의 표현을 정확하게 전달한다는 것은 쉽지 않은 일이다. 커뮤니케이션의 요체가 무엇이고 성공적인 커뮤니케이션을 위해 어떤 것들이 필요한지 알아보자.

커뮤니케이션 속도가 중요해진 시대

커뮤니케이션Communication이란, 라틴어 Communis에서 유래한 '공통' Common이라는 의미가 있다. 의미상으로 보면 다른 사람과

의사소통을 하면서 커머니스Commonness: 공통적인 것를 형성하려고
노력하는 것이 된다. 결국 커뮤니케이션이란 대화 상대자 즉, 화자
와 청자 사이에 흐르는 일정한 사고의 합치를 말한다. 인간은 태어
나면서부터 다른 동물에 비해 매우 뛰어난 지각 인식 능력과 언어
구사 능력으로 대화를 하고 의사를 전달한다. 따라서 의사 전달과
정에서 다소 오류가 있더라도 정상적인 표현을 사용한다면 이해하
는데 사실 큰 무리가 없다. 그러함에도 오늘날 커뮤니케이션이 중
요하게 대두되고 있는 이유는 그만큼 변화의 폭이 크고 다양성이
큰 시대에 살고 있다는 것을 의미한다. 기업의 처지에서 보면 덩치
큰 조직을 변화가 잦은 시대환경에 맞게 얼마나 탄력적으로 재구
축하고 의사통로 망을 획기적으로 갖추어 놓는가와 결부되는 문제
이다.

생존의 법칙이 엄격하게 지켜지는 조직사회에서 커뮤니케이션
은 조직의 의사결정과정을 더욱 빠르게 구축하는 '의사결정 신경
망 구축작업' 이라고도 할 수 있을 것이다. 이와 관련해서는 1억 년
전 공룡시대의 이야기를 귀담아 들어보자. 커뮤니케이션의 중요성
에 작은 단서를 제공할 수 있겠다.

1억 년 전 인류를 지배하던 공룡이 멸족된 이유에 대해서 오늘날
학설이 분분하지만, 이 중 설득력 있는 것 중 하나는 공룡의 신경체
제가 아주 둔해 멸족 위기에 처해졌을 것이라는 주장이다. 냉혈동
물인 공룡은 몸집이 거대해 다른 종족에 위압감을 주기에 충분했

지만 신경이 매우 둔해 뇌에서 꼬리까지 신호가 전달되는 시간이 30초 이상 걸렸을 것으로 추측된다. 따라서 공룡보다 신경이 빠르고 온혈동물인 포유류가 등장해 공룡의 꼬리를 물었다면 거대한 몸집에도 발 빠르게 대처하지 못해 결국 먹이가 되었을 것이란 얘기다.

커뮤니케이션의 중요성을 강조하는 학자들은 가설이긴 하지만 공룡의 사례에서처럼 커뮤니케이션은 의사전달의 정확성 못지않게 그 속도도 매우 중요하다고 강조한다. 조직이 비대한 대기업에 빗대어 볼 때, 지금과 같이 변화가 매우 급하게 이뤄지는 환경에서는 공룡과 같은 둔감한 신경망 체제로는 생존이 불투명하다는 점을 지적하는 것이다.

조직원이 커뮤니케이션 신경망으로 연결되어야

작은 기업도 커뮤니케이션이 활성화되고 발 빠른 체제로 구축되어 있다면 거대한 몸집의 대기업보다 월등히 높은 경쟁력을 확보할 수 있다. 오늘날 커뮤니케이션의 중요성이 증대되고 있는 이유도 바로 이 때문이다. 작지만 큰 힘을 발휘할 수 있는 원동력이 되는 것이다. 그런데 이러한 커뮤니케이션의 주체는 사실 조직이 아니다. 주체는 그 속에 속한 조직원이다. 그리고 조직원들 간의 유기적인 커뮤니케이션의 관계 도모가 일종의 동맥 같은 역할을 함으로써 시너지를 유발해 내는 것이다.

이미 시대는 이렇게 커뮤니케이션에 능한 인재가 대우받는 세상이 되었다. 한 외국계 기업이 조사한 바에 따르면, 외국계 기업에 취업하려면 대략 6가지 정도의 조건이 반드시 필요한데, 그 첫 번째 요건이 바로 탁월한 커뮤니케이션 능력이라고 한다. 인터넷과 각종 미디어, 네트워크가 발달한 시대이므로 이를 능수능란하게 다룰 줄 알고 꾸준히 연마할 줄 아는 인재를 필요로 한다는 얘기다. 국제화 바람이 거세게 불 즈음부터 생겨나기 시작한 기업의 팀 제도도 '여럿이 일할 때 효과가 배가된다.' 라는 논리이고 보면, 굳이 외국계 기업이 아니더라도 커뮤니케이션은 현대 직장인들에게 꼭 필요한 항목이라고 할 수 있을 것이다. 더군다나 학력과 연령, 성장 배경은 물론, 사회계층과 인종, 언어가 제각기 다른 사람들과 어우러지거나 경쟁을 해야 하는 시대 환경 아래에서는 공통적인 이해를 달성하려고 일종의 준거 체제Frames of Reference를 필요로 하게 되는데, 이를 위해서도 커뮤니케이션의 기술 함양은 매우 중요하다고 할 수 있다.

아울러 조직의 관점에서는 커뮤니케이션이 그 상징성과 함께 자기문화Self Culture를 형성하게 되므로, 이를 조직 내부의 의사결정 과정이나 부서 간 협업체제, 외부 고객과의 관계 등에 이르기까지 포괄적으로 활용하는 지혜가 필요하다고 할 것이다.

38 감성마케팅의 미래와 커뮤니케이션

이성과 합리주의를 기치로 내달리던 세태가 감성과 창의성이라는 키워드로 대체되고 있다. 좌뇌가 이성을 관장하고 우뇌가 감성을 지배한다는 사실쯤이야 누구나 알 일이지만, 실제로 세상에 나와 성공한 위인들이 감성지수가 높다는 조사결과가 있고 보면 이제 행동으로 그 변화를 받아들여야 한다는 것을 암시하는 듯하다.

경영의 관점에서 기업은 합리적이고 분명하며 이성적인 비즈니스 조직체다. 이 때문에 기업의 마케팅 활동은 오랫동안 소비자들을 이성적으로 분석하고 분류하여 판촉활동에 활용하려는 각도에서 진행됐다. 오늘날 기업 경영에 접목된 무수히 많은 경영 기법들도 사실상 이런 이성적 판단을 더욱더 체계화하려고 존재하는 것에 불과하다. 그런데 만약 누군가 큰 통찰력을 갖고 있어서 소비자들의 행동패턴과 트렌드를 콕 짚어낸다면 어떻게 될까? 두말할 나위 없이 의사결정을 내릴 때마다 어려운 경영 기법을 동원할 필요가 없어질 것이다.

이성적 마케팅이 다양한 분석도구를 활용해 소비자들에게 접근하는 것이라면 감성적 마케팅은 통찰과 같이 기존의 개념을 뛰어넘는 방식으로 소비자들에게 다가서는 것이라고 할 수 있다. 아울러 이성적 접근이 제품이나 소비자들의 호주머니를 염두에 둔 것이라면, 감성적 접근은 오로지 '소비자' 라는 사람 중심의 접근이라는 점에서 차이가 있다. 어려운 것 같지만 이런 것들은 발상의 전환을 통해 쉽게 접근할 수가 있다. 사실 기업은 내부직원이든 외부고객이든 사람을 잡으면 된다. 그들을 내 편으로 만들고 끌어안을 수 있다면 기꺼이 사람들은 충복이 되고 고객이 된다. 감성마케팅은 사실 이 간단한 논리에서 출발한다. 사람, 그들을 우대하고 감동시키고 즐겁게 만들면 되는 것이다.

친절하기로 소문난 한 백화점에 화가 난 고객이 찾아왔다. 화가 난 고객은 매장 매니저에게 "여기서 자동차 타이어를 샀는데 불량품이다. 환불해주거나 교환해 달라."라고 말했다. 그런데 이 백화점은 타이어를 판매하지 않는다. 이 경우 당신이 백화점 매니저라면 어떻게 하겠는가? 우스운 얘기 같지만 실제로 있었던 일이다. 그 유명하기로 소문난 미국의 노드스트롬 백화점에서 발생한 사례다. 이런 손님이 찾아올 때 백화점 대부분은 "고객님, 죄송하지만, 저희는 타이어를 판매하지 않습니다. 아마도 착오가 있는 것 같습니다." 정도의 멘트를 고객에게 전달할 것이다. 하지만 노드스트롬 백화점은 이 부분에서 달랐다. 노드스트롬은 "네 고객님, 죄송합니다. 조속히 조치해 드리겠습니다." 하고 말하고는 다른 백화점에서 타이어를 사서는 고객에게 전달한 것이다.

그렇다면 노드스트롬은 왜 이런 손해 날 장사를 하는 것일까? 이성적인 주판알로 따지면 이런 일은 회사에 손해를 끼치기 때문에 절대로 받아들여서는 안 된다. 하지만 노드스트롬은 타이어 하나와 그동안 쌓아온 '어떤 경우에도 친절한 백화점' 이라는 브랜드 신념과 가치를 맞바꿀 수 없었기 때문에 당장 손해를 본 것이다. 또 한 가지는 사실상 금전적으로도 손해를 봤다고 보기 어렵다는 점이다. 타이어를 사지도 않은 고객이 백화점에 가서 투정을 부리니 타이어를 사주더라는 이야기가 구전으로 떠돌면 백화점의 가치는 더욱 올라갈 것이고 결국 금전적으로도 백화점은 큰 이득을 보게 되는 꼴이니 미래를 내다본 정교한 감성마케팅이라고 해야 하지 않을까.

노드스트롬의 예처럼 감성적인 마케팅을 펼치는 기업들은 그 중심에 '사람' 을 둔다. 이렇게 사람을 중심에 두는 이유는 사람과 사람 사이에 계산기를 둔 경우보다 훨씬 인간적이고 끈끈한 유대감과 호감도를 낳기 때문이다. 기업이 단지 제품으로서만이 아니라

즐거움과 감동의 요소로 소비자들의 오감을 자극하고 소비자들은
이에 대한 화답으로 기업과 제품의 팬이 된다면 기업과 소비자 간
에 이만한 환상적인 커뮤니케이션이 또 있을까.

이제 기업과 소비자가 이성으로 교통하는 시대는 훌쩍 지나갔
다. 미래사회에서 살아남기 위해 확보해야 할 키워드가 지식
Knowledge에서 지혜Wisdom로 바뀌고 있는 것처럼, 이제 이성적 마인
드는 감성적 마인드로 빠르게 바뀌어 갈 것이다. 단지 만족하는 것
에서 나아가 다양한 즐거움과 짜릿한 경험, 체험, 그리고 공감을 넘
어서서 감동을 소비자들이 원하는 것처럼 오감을 자극하는 감성적
접근의 패러다임은 점점 더 확장되어갈 것이다. 그 패러다임 속에
서 '사람'을 존중하며 감성적으로 '지혜롭게' 대처하고 교감하는
기업이 승자가 될 것이다.

39 수신(修身)과 '3무탈론'

4서3경 중 하나인 「대학」에는 우리가 잘 아는 수신제가치국평천하修身齊家治國平天下라는 대목이 나온다. 먼저 자신을 올바르게 수양해야修身 가정을 잘 이끌 수 있고齊家, 가정을 잘 이끌 수 있으면 나라를 올바르게 다스릴 수 있으며治國, 나아가 세상을 평화롭게 만들 수 있다平天下는 내용이다.

'수신제가치국평천하'의 핵심은 '수신修身'이다. 세상에 나가 입신을 하던 성공을 하던 수신이 선행되어야 한다는 논리다. 오늘날과 같은 시대에 수신修身을 잘한다고 해서 세상에 얼마나 포효할 수 있겠느냐고 되물을지 모르겠다. 하지만, 무엇을 하기에 앞서 가장 먼저 자신을 바로 세워야 한다는데 이견을 달 사람은 없을 것이다.

어느 날 회사 구내식당에서 건물 경비대장과 식사를 할 기회가 있었다. 정년퇴임을 하고 건강을 겸해 소일 삼아 일을 하시는 분인데 집이 두 채나 되고 자녀들도 모두 건강하게 일가─家를 이뤄 사는 데 큰 걱정이 없는 분이었다. 세상에 나서 어떤 지식을 배웠더라도 연륜에서 묻어나는 지혜를 감당할 수 없는 법이므로 식사 도중 "가정을 잘 꾸리려면 어떻게 해야 합니까?" 하고 물었는데, 역시 연륜이 묻어나는 깨달음이 되돌아왔다.'

"가정을 잘 꾸리려면 세 가지가 필요합니다. 첫째는 부부관계에 아무런 문제가 없어야 하고, 둘째는 경제적으로 아무런 문제가 없어야 합니다. 마지막 세 번째는 자녀의 성장 과정에 아무런 문제가 없어야 합니다."

듣는 순간 공자님 말씀처럼 가슴에 탁 와 닿아, 그 즉시 암기해 버렸다. 수신修身이라는 단어가 들어가 있지는 않지만 세 가지를 평생토록 지켜오는 동안 수신이 바탕이 되었음은 직감하고도 남았다.

그런데 경비대장의 이 '3무탈론' 은 기업에도 그대로 적용이 된다. 모름지기 기업이 안정적으로 성장하기 위해서는 기업 자체의 시스템과 그 속의 사람이 무엇보다 탄탄해야 한다.

이를 '3무탈론' 에 대입하면 첫째, 리더십 및 노사관계에 문제가 없어야 한다. 둘째, 매출 등 경제적 여건에 문제가 없어야 한다. 셋째, 직원들의 교육훈련과 인적성장에 문제가 없어야 한다와 같은 해석이 나온다. 게다가 이런 구조가 가능하게 하려면 무엇보다 제 위치에 있는 개별 인재들의 수신修身이 절대적으로 필요하다. 회사

도 가정경제의 연장선에 있는 것이라고 보면 그 운영원리가 다르
지 않은 것이다.

　기업이 이들 요소를 충족한다면 정말이지 안정적이고 미래가 탄
탄한 구조를 갖추게 될 것이다. 자고로 노勞와 사使 사이에 믿음과
신뢰가 싹터 있고 리더의 탁월한 리더십이 존재하며, 이를 바탕으
로 좋은 제품을 만들어 부가가치를 높여나간다면 높은 경쟁력을
구가할 것이다. 여기에 자녀가 무탈하게 양육되어 성장하듯이 소
속 인적자원들이 새로운 지식과 기술로 무장돼 그 역량을 쑥쑥 키
워나간다면 이만한 경쟁력의 회사를 어디에서 만날 수 있겠는가
말이다.

　둘러보면 노사분규로 파업을 이어가다 문을 닫는 기업이 부지기
수다. 그런가 하면 잘 나간다는 기업도 내·외부의 환경 변화에 적
응하지 못하거나 신제품 개발의 실패 등으로 경쟁력이 약화돼 결
국 파산하는 경우가 많다. 또 구성원들이 그 역량을 제대로 쌓지 못
해 결국 조직이 도태되는 상황을 맞기도 한다. 따지고 보면 모두가
'3무탈 사수'에 실패한 것이다.

　전통적인 개념으로 보면 가정은 가장의 믿음직한 바로서기에서
그 안위를 보장받는다. 기업도 최고경영자를 비롯한 경영진이 얼
마나 믿음직스런 리더십을 발휘하느냐에 따라 그 흥망이 달라진다
고 할 수 있다. 또 가정에서 아내가 제 역할을 다하여 가정의 안주
인 역할을 하듯이 기업에도 경영참모진과 간부들의 역할에 따라

조직 분위기가 180도로 달라짐을 알 수 있다. 여기에 가정의 자녀가 제 역할을 다해 부모의 속을 썩이지 않고 학업에 정진하며 밝은 모습을 보여야 화목한 가정이 되는 것처럼 직장에서의 직원 개개인도 그와 같다는 것을 알 수 있다.

조직 내부의 기초 다지기는 뒤로 하고 외부 지향적인 경쟁력 확보에만 몰두하는 기업들이 유난히 많다. 하지만, 리더와 참모, 중간 관리자, 직원 개개인의 수신修身과 이에 기반을 둔 내공이 쌓이지 않는다면 장기적인 안정과 성장은 결국 표피적인 것이 되고 만다. 그런 성장은 결코 오래갈 수 없다는 걸 강조하고 싶다.

40 팀보다 팀워크에 집중하라

팀제는 과거 수직적 조직문화와 달리 수평적으로 조직문화가 형성되고 시너지를 낸다는 점에서 큰 차이점이 있다. 초창기에는 상명하달식의 수직적 조직구조에 따른 폐단을 없애려고 도입하는 사례가 많았으나 현재는 도입 단계를 한참 지나 "팀을 통해 어떻게 시너지를 낼 것인가?"가 화두가 되었다. 팀이 곧 기업이 되고 경쟁력이 된 시대, 앞으로는 팀워크를 어떻게 발전시키는가에 따라 기업의 흥망이 좌우된다고 해도 틀리지 않을 것이다.

팀제를 안착시키는 요건을 살펴라

오늘날은 거의 모든 기업이 팀제로 운영되고 있다. 기업의 크고 작음을 떠나 새로 창업을 하고 회사 설립등기를 하는 단계부터 팀제는 기업과 운명을 함께 시작한다. 굳이 조직구조를 어떻게 가져갈 것인가 고민할 필요도 없이 처음 받아 든 명함에 적힌 '팀' 이라는 글자가 자연스레 팀이라는 직제를 선포하고 있다. 그러나 팀제가 무엇이고, 그 속에 속한 조직원들이 어떻게 움직여야 팀제 효과를 충분히 볼 수 있는지는 간과하는 경우가 많은 것 같다. 어떠한 조직구조이든 사회적 분위기와 개별 기업의 특성, 소속 임직원의 성향에 따라 제각기 차별화하고 응용해야 하는 부분이 있음에도 시대의 조류라고 해서 그냥 따라가는 경향이 있는 것이다.

아울러 팀제를 성공적으로 안착시키는 주된 요인이 무엇이라고 생각하는지 묻지 않을 수 없다. 실제로 많은 이들이 팀제의 중요한 요건에 대해 '팀원들의 능력' 이라고 생각한다. 하지만, 많은 기업의 경험칙에 따르면 '팀을 승리로 이끄는 것은 실력이 아니라 팀워크와 리더십' 이라는 사실을 발견할 수 있다. 미 프로 풋볼계의 최하위 팀이었던 세인트루이스 램스를 최고의 팀으로 만들어 화제가 되었던 딕 버메일 전 감독도 "우리가 승리할 수 있었던 것은 25%의 실력과 75%의 팀워크, 리더십이 있었기 때문에 가능했던 것" 이라고 말한 바 있다. 우리에게 필요한 것은 바로 이것이다. 분위기를 북돋고 신명나게 일할 수 있는 팀워크. 이것만 있으면 제아무리 덩치 큰 기업과 맞붙어도 겁날 것이 없을 것이다.

과거 기업들은 기업의 매출과 가치를 극대화하는 조직 내의 '스타' 를 발굴하는 데 큰 힘을 들였고, 현재도 이러한 스타는 기업에 큰 힘이 되고 있다. 하지만 궁극적으로 기업과 팀을 이끌어 가는 것은 한두 명의 스타가 아니라 팀 전체의 분위기와 응집력이다. 팀이 얼마나 유기적으로 작동하고 생동감 넘치는 분위기를 유지하느냐에 따라 생산성 그래프는 얼마든지 들쭉날쭉 할 수 있다.

팀워크를 팀파워로 만들 비공식 시스템을 구축하라

또 한 가지 체크할 것은 팀제가 갖는 수평적 구조다. 팀제는 팀장을 제외하고 모두 팀원으로 간주하고 팀원 간 상호 경쟁과 협력, 견제를 하도록 하는 구조다. 팀제 전환 이후 인사부서에서 조직의 업무성과를 측정하기가 훨씬 수월하다고 이야기하는 것도 이런 데 기인한다. 그렇다면 수평적인 문화를 형성하는 것이 왜 중요한가?

지난 2002년 한일 월드컵에서 우리를 열광케 했던 거스 히딩크 감독은 선수 개개인에게 "서로 묻고 따져라."라고 수시로 요구했다. 아울러 개개인을 연결해 줄 수 있는 커뮤니케이션이 중요하다고 침이 마르도록 이야기했다. 바로 옆 사람과 깊이 호흡하고 유기적인 관계를 맺어야 넓은 시야도 갖게 된다는 그의 지론은 경영학에서도 그대로 들어맞는다.

팀워크를 견고히 하고 이를 팀 파워로 만드는 것은, 이러한 팀원 간 유기적 관계조성을 통해 그 기초가 형성되고, 이것이 수평적 팀

문화로 발전할 때 비로소 가능해진다. 그런데 수평적인 팀제문화를 가능케 하는 것은 창의력과 유연성, 화합과 단합, 유머가 있는 분위기 등 생산라인이 작동하는 데 직접적으로 필요하지 않은 것들이다. 하지만 이런 것들은 없어서는 절대로 안 될 것들이다. 만약 일정한 속도를 내는 어떤 팀에 언젠가부터 엄청난 가속이 붙었다면, 분명히 이 같은 요소들이 양념처럼 배합돼 있다는 것을 발견하게 될 것이다.

결론적으로 팀제를 만들고 활성화하는 것을 단순히 직무와 관련하여 부여된 기능 역할을 체계화하고 이를 성과로 연동시키는 것으로 생각해서는 안 된다. 각각의 파트가 제 기능 이상의 시너지를 내고, 역할 수행을 제대로 하려면 팀 내에 추가되는 무엇이 필요하다. 그것은 팀을 구성하는 공식화된 요소 외에 비공식적이고 전체적이며 개인과 개인, 팀과 팀의 간격을 메워 주는 것들이다. 팀의 기능 역할이 완벽하게 존재해도 팀워크가 유발되지 않는 것은 바로 이런 이유 때문이다. 팀을 존재하게 하는 것은 개인의 역량을 세분화한 역할분담이지만 팀을 발전시키는 것은 그 역할의 균등과 배합을 하는 조화의 요소라는 점을 잊어서는 안 된다.

41 동료애와 팀워크는 동반성장의 원동력

동료 간에 절묘한 팀워크를 이루는 최상의 사례를 들라면 아마도 남극 황제 펭귄의 '동료애 팀워크'가 꼽히지 않을까 싶다. 남극 황제 펭귄들은 추위를 달래려고 무려 수천 마리나 모여든다고 한다. 수천 마리가 한곳에 모이니 체온이 형성될 것인데, 황제 펭귄들은 이 체온으로 남극에서 편안히 휴식과 수면을 취하는 것이다. 더 놀라운 것은 무리가 교대로 바깥쪽을 지켜 안쪽의 펭귄들이 편히 쉴 수 있도록 한다는 것. 서로 제 살길만 찾겠다고 이기적으로 행동하는 인간들과 비교할 때 창피한 생각이 절로 들지 않을 수 없다.

황제 펭귄의 시너지, 지방시와 오드리 헵번의 팀워크

세계인의 영원한 히어로 오드리 헵번, 그리고 세계적 패션 리더 지방시를 모르는 이는 아마도 없을 것이다. 그런데 이 둘이 절묘한 황제 펭귄의 관계라는 사실을 아는 사람은 그리 많지 않은 듯하다. 샤넬과 루이비통 같은 명품을 쏟아내며 세계 패션 흐름을 주도하는 지방시그룹은 명품 패션 디자이너인 위베르 드 지방시가 창업한 기업이다. 그런데 지방시가 오늘날과 같은 명품 브랜드로 성장할 수 있었던 데는 세계적 스타 오드리 헵번의 역할이 컸다. 아니, 헵번의 역할이었다기보다는 서로 공생관계, 즉 팀워크가 절묘하게 이루어졌기 때문이라고 보는 것이 정확하다. 왜냐하면, 오드리 헵번 역시 지방시와의 파트너십으로 스타의 입지를 공고히 했으니까.

〈로마의 휴일〉, 〈티파니에서 아침을〉 등으로 유명한 오드리 헵번이 위베르 드 지방시와 만난 것은 헵번이 〈로마의 휴일〉로 막 스타덤에 오르고 난 직후였다. 당시 지방시는 이십대 초반의 나이로 오뜨 꾸뜨르 하우스를 설립해 로마, 취리히, 부에노스아이레스 등에서 '지방시 부티크'를 한창 알리고 있던 참이었는데 헵번이 단역을 끝내고 로맨스 영화 〈사브리나〉를 촬영하려 할 때 절묘하게 만나게 됐다. 당시 오드리 헵번은 〈로마의 휴일〉 의상을 담당했던 유명 디자이너 대신 젊고 감각적인 위베르 드 지방시와 일하고 싶어 했는데, 풍만한 배우들이 인기를 끌던 시절에 '깡마른' 체구의 헵번을 매력적인 몸매로 만드는 일은 지방시에게는 위기이자 기회였다. 결국 지방시는 글래머 스타들이 즐겨 입는 스타일이 아닌 헵번의 가느다란 허리를 강조한 가냘프고 여성스러운 이브닝드레스를 만들어 입혔는데 이것이 대 히트를 친 것이다. 헵번은 당시의 트렌드와 180도로 다른 모델이었지만 지방시는 그녀의 장점을 부각시키고 단점을 커버해 서로 시너지를 낼 기회를 만든 것이다. 결국 이 일로 지방시는 아카데미 의상상을 받으며 명품 브랜드로의 행보를 가속하는 발판을 만들었고, 헵번은 이른바 '헵번 신드롬'을 일으키며 세계적인 여배우로 단숨에 올라섰다. 그야말로 감각적인 환상의 팀워크가 형성된 것인데, 두 사람은 이후 40여 년간 멘토와 멘티로 함께한 것으로 전해진다.

팀워크의 세계적 교본, 모토로라와 도요타

　강력한 동료애로 팀 시너지를 내는 세계적 기업으로는 모토로라와 도요타를 들 수 있지 않을까 싶다. 우선 모토로라의 사례를 보자. 이름만으로 교과서 감인 모토로라에는 잘 알려진 대로 15% 룰 Rule이 있다. 이 룰 중에는 매일 정기적으로 직원들과 마주하며 대화를 나누어야 한다는 것도 포함되어 있는데, 이른바 동료를 이해하고 대화하며, 이견을 조율하라는 경영방침인 것이다. 모토로라는 이 같은 분위기로 동료애를 크게 높인 것으로 유명하다. 실제로 동료애와 강력한 팀워크로 이직률을 25%가량, 생산성을 30%가량, 출근율을 95%나 끌어올렸다. 모토로라에는 또 웬만한 종합대학 뺨치는 사내대학이 있는데, 이곳에서도 동료애나 팀워크 등 소속감을 고취시키면서 리더십을 향상시키는 교육을 중점적으로 실시해서 경쟁 기업들로부터 벤치마킹의 대상이 되고 있기도 하다. 무엇보다 시너지를 유발하는 데 있어 동료 간 연대와 팀워크가 중요하다는 것을 교육과 실무에 적극적으로 접목하고 있는 것이다.

도요타도 동료애와 팀워크를 유난히 강조하는 글로벌 기업 가운데 하나다. 사실 일본 기업들은 미국과 같은 서구의 기업과 달리 CEO보다 기업이나 브랜드가 더 널리 알려졌다. 예컨대 마이크로소프트라는 기업을 대면 빌 게이츠라는 이름을 쉽게 떠올리는데 도요타는 CEO가 누구인지 얼른 기억해 내는 사람이 많지 않다. 초창기 경영이념과 기업 그리고 브랜드를 CEO보다 우선시하기 때문이다. 반면 도요타는 동료애나 팀워크에서 강한 면모를 보인다. 실제로 도요타는 1930년에 작고한 창업주 도요타 사키치죠의 철학을 21세기인 오늘날까지 그대로 계승해 정신적 지주로 삼고 있는데, 도요타 방식이 그의 경영철학을 21세기화 한 다섯 가지 키워드도전, 개선, 현지현물주의, 존중, 팀워크를 보면 얼마나 동료애와 팀워크에 관심을 쏟고 있는가를 알 수 있다. 특히 도요타그룹의 창시자인 도요타 사키치죠의 "제발 같이 협력해서 제대로 된 결과를 내라."는 말은 팀워크를 강조하는 가장 강인한 메시지로 계승되고 있다.

42 동료애가 성공 부른다

기업의 비전과 팀워크는 수레바퀴처럼 상호 맞물리는 관계에 있다. 기업 경영 환경의 변화가 이러한 세상을 만들었다. 과거 옆자리 동료를 경쟁 관계로 인식하던 시절은 흘러 지나갔다. 누구든 동료와 협업하지 않고 독단적으로 행동해서는 성공의 반열에 오를 수 없게 됐다. 이런 관점에서 보면 이제 동료의식만으로도 기업의 미래와 성공은 충분히 가늠할 수 있다. 동료애는 애사심 못지않게 개인과 기업을 발전시키는 중요한 요인이 된다. 동료를 소중히 여기고 서로 챙겨주며 밀어주는 기업문화는 미래의 기업 가치를 높이는 가장 큰 에너지이다. 동료애가 이같이 형성되면 팀워크는 절로 좋아질 수밖에 없다. 팀워크는 곧 생산성 향상을 의미하는 것이므로, 기업이 성장하는 만큼 그 공은 다시 직원 개개인과 동료에게 되돌아올 수밖에 없다. 결국, 함께 성공의 길로 가는 것이다.

왕따 문화가 여전히 사회적 문제로 남아 있는데, 이런 관점에서 보면 직장 내 왕따 문화는 기업의 장래를 해치는 요인이 된다고 할 수 있다. 동료애가 좋아야 팀 간, 부서 간 유대가 강화되고 의욕적으로 일할 수 있으며 개개인의 성취감도 커진다. 반복되는 지루한 일도 동료와 함께라면 힘들게 느껴지지 않을 것이다. 일을 즐겁게 하면 그만큼 안전사고도 줄일 수 있다. 반면 업무 생산성과 효율성은 평상시보다 크게 높아질 것이다.

그렇다면, 팀워크를 향상시키려면 어떤 노력을 기울여야 할까? 우선 주변의 동료에게 작은 것이라도 관심을 보이는 게 좋다. 작은 것들부터 소중한 관계를 형성해 나가다 보면 신뢰의 싹을 틔우게 된다. 이 싹이 무성하게 자랄 수 있도록 지속적으로 관심과 사랑을 주어야 한다. 간단한 이치지만 실천하기는 쉽지 않다. 동료보다 나를 먼저 생각하는 이기심이 자리 잡는 탓이다. 우리에게 중요한 것은 '나'가 아니다. 더 중요한 것은 '우리'다. 그것은 동료가 없으면 형성되지 않는다. 그런 의미에서 '나'에게 둘러쳐진 울타리를 우리, 동료까지를 포함한 울타리로 옮겨놓을 필요가 있다. 그것이 성공으로 가는 지름길이고, 공생하는 길이다.

43 업무 의욕을 상실시키는 D - 바이러스

잠시 짬을 내 서점에 들렀다. 그리고 집어든 책 한 권 「How to become a Great Boss」.

이 책에서 눈길을 끄는 대목 하나를 찾아냈다. 책의 한 칼럼에는 'D - 바이러스' 라는 타이틀이 붙어 있었다.

D - 바이러스는 컴퓨터에 침입하는 악성 바이러스가 아니다. 이 바이러스는 사람에게 침투한다. 그리고 사족을 못 쓰게 만들어 버린다. D - 바이러스는 인사관리에 관심이 있는 CEO들이 눈여겨 볼 만하다. 특히 갑자기 유능한 직원이 어느 날부터 열의가 식었거나, 실적이 급락했다면 이 바이러스를 의심해 볼만하다.

CEO들이 D - 바이러스에 관심을 둬야 하는 이유는 간단하다. 직원들의 문제점을 항상 살피고 있어야 하며, 매우 위험한 바이러스일수록 긴급 처방을 해야 하기 때문이다. 더욱이 D - 바이러스는 직원이 감염된 장소가 기업 내부가 아닌 외부라 하더라도 리더가 적극적으로 치료해야 한다는 사실을 인식시켜준다. 그런 점에서 리더십의 관점에서 보아도 좋을 것이다.

우선 이들 D - 바이러스를 소개하면 다음과 같다.

빚 Debt

우울증 Depression

이혼 Divorce

음주 Drinking

질병 Disease

도박 Dice

마약 Drugs

성격장애 Deviancy

사망 Death

나태 Dalliance

낙담 Dejection

망상 Delusions

태만 Dereliction

예절문제 Decorum

동기부족 Demotivation

부업 Double-Dipping

불신 Distrust

　D - 바이러스 외에도 직원들을 치명적으로 만드는 바이러스는 많다. 중요한 것은 모두 위험하다는 것이다. 이들 바이러스에 걸린 직원은 일에 대한 의욕을 상실한다. 그것은 조직과 조직원, 친구, 친지, 나아가 리더까지 감염시켜 치명적인 손해를 끼친다. 사태가 점점 진행되면 개인과 일을 완전히 파괴할 수 있다. 따라서 리더는 D - 바이러스 제거에 힘을 기울여야 한다.

　많은 CEO가 인사관리가 가장 곤혹스럽다는 소리를 한다. 개인마다 성향과 성격, 출신배경, 교육환경이 모두 다르다는 데 이유가 있지만, CEO를 정작 당혹스럽게 하는 것은 바로 이들 D - 바이러스일 수 있다.

　예컨대 한 직원이 도박에 걸려 있다고 하자. 개인과 가정은 물론이고, 일을 망치게 되며, 동료와 팀 분위기를 헤칠 수 있다. 어떤 이는 심각하게 우울해서 말을 걸기도 어려울 수 있고, 어떤 이는 술 때문에 동료들로부터 미움을 받고 자신의 건강까지 해쳐 결국 일을 망쳐버릴 수도 있다. 이 외에도 유사한 바이러스는 수없이 많다. 애정관계나 가정사가 원인인 경우도 많다.

　가장 좋은 치료방법은 D - 바이러스에 걸린 당사자가 자각하여 스스로 완치하는 것이다. 만약 그렇지 않다면 최소한 공과 사를 구분해 바이러스가 일에 영향을 주지 않도록 하는 것이다. 그러나 이런 바이러스에서 헤어 나오기란 그리 쉽지 않다. 따라서 리더나 주변 동료가 함께 바이러스가 완치되도록 노력하여야 한다. 완치가 되지 않으면 과감히 해고하여야 한다.

기업은 어떤 경우에도 비즈니스가 영위되어야 하고 영속되어야 한다. 그런 점에서 당사자와 주변을 점점 일과 의욕에서 멀어지게 하는 D - 바이러스는 치명적이다. D - 바이러스는 그대로 두면, 파멸을 몰고 온다.

44 개념 인재

간단한 퀴즈를 하나 내보자. 이 문제는 곰곰이 생각해서 풀 성질이 아니다. 문제를 본 순간 직감적으로 답을 말할 수 있는지가 중요하다. 만약 즉각 답을 알아내지 못한다면 당신은 이 문제를 알지 못하는 것이다.

질문: 세일즈와 마케팅은 같은 개념인가? 다른 개념인가?

'같은 개념이다.' 또는 '다른 개념이다.' 문제를 본 순간 둘 중 하나가 떠올라야 한다. 만약 이도 저도 아닌 멍한 상태였다면 답을 모르는 것이다. 자, 이 두 가지가 서로 다른 개념이라고 생각했다면 이제 그 이유를 설명해보라. 간명하게!

뜻밖에 많은 비즈니스맨이 세일즈와 마케팅을 구분하지 못한다. 심지어 마케터도 이를 구분하지 못하는 경우를 봤다. 세일즈와 마케팅을 구분하지 못하는 것은 구매자와 고객을 누가 담당해야 하는지 구분하지 못하는 것과 같다. 구매자는 세일즈맨이 상대한다. 반면 고객은 마케터가 상대한다. 이 둘의 차이는 이렇게 풀이할 수 있다.

세일즈맨과 마케터의 목표는 같다. 기업의 물건을 소비자에게 파는 것이다. 하지만 각각의 담당 업무는 다르다. 세일즈맨은 제품을 파는 행위, 즉 판매활동을 담당한다. 반면 마케터는 고객이 물건을 구매할 수 있도록 환경을 조성하는 일을 한다. 고객이 제품에 호감을 갖고 지갑을 열어야겠다고 결심하도록 하기까지의 일이 마케터의 업무다. 그러니까 판매사원의 업무는 이런 마케터의 활동이 마무리되고 나서 이루어진다. 만약 당신 회사의 세일즈맨과 마케터가 이러한 업무범위를 혼동하고 있다면 체제가 덜 잡혔거나 교육이 잘못됐거나 둘 중 하나다.

요즘 네티즌들은 시쳇말로 '개념을 상실했다.' 라는 표현을 쓴다. 개념이란 풀이하면 '어떤 사물의 속성이나 현상에 대한 일반적이고 객관적인 지식' 이라 할 수 있다. 회사 내에는 다양한 직책이 존재한다. 회사 내의 모든 구성원은 자신에게 부여된 고유한 직책에 대해 기본 개념을 '탑재' 해야 한다. 자신에게 주어진 일이 기본적으로 어떤 성질을 가지고 있고, 어느 범위까지 관여되는지 알아야 한다. 그래야 목표에 정확하게 집중할 수 있다. 기업 내부의 관리자는 직원들이 혼동하지 않도록 정리를 해줘야 한다. 예컨대 이 것저것 관여하며 일당백을 감당하는 아주 유능한 직원을 두었더라도 업무에 대한 개념은 분명히 구분할 수 있도록 훈련시켜야 한다.

부부동반으로 참여하는 독서모임에서 심리학을 전공한 발제자로부터 흥미로운 사례를 들은 적이 있다. 어떤 학자가 원숭이를 대상으로 실험했는데, 원숭이들이 한 마리씩 교체될 때마다 인지적 사고에 어떤 변화가 오는가를 살펴본 것이다. 그 결과가 아주 흥미로웠다.

제한된 방 안에 원숭이 두 마리가 있다. 방 중앙 천장에는 바나나가 매달려 있고, 원숭이가 뛰어올라 바나나를 잡을 수 있도록 의자가 두 개 준비돼 있다. 그런데 원숭이가 바나나를 낚아채는 순간 천장에서 물이 거세게 쏟아진다. 그 때문에 한번 물세례를 받은 원숭이는 다음번엔 요령을 부려 잽싸게 바나나를 낚아채려고 안간힘을 쓴다. 하지만 물세례를 피할 방법은 없다. 바나나는 먹을 수 있지만, 그 대가를 톡톡히 치러야 하는 것이다. 결국 방 안의 원숭이들은 별의별 수를 다 부려보다 마침내 바나나를 포기하고 만다.

이제 두 마리 중 한 마리를 다른 원숭이와 교체시킨다. 그러자 새로 투입된 원숭이가 바나나를 보고 뛰어오르려 한다. 그러자 남아 있던 다른 원숭이가 이를 제지한다. 물세례에 대한 위험을 인지시켜준 것이다. 결국 새로 투입된 원숭이도 곧 바나나를 포기한다.

다시 원숭이 한 마리가 교체된다. 이번에는 물세례 경험이 있는 원숭이가 나가고 다른 원숭이 한 마리가 들어왔다. 이제 방 안에는 물세례 경험이 전혀 없는 원숭이 두 마리만 있을 뿐이다. 자, 이 원숭이들은 처음 투입됐던 원숭이들처럼 물세례를 경험하며 바나나를 따 먹었을까? 그렇지 않았다. 방금 방에 들어온 원숭이가 바나나를 보고 흥분했을 때 물세례 경험은 없지만 제지를 당한 경험이 있는 다른 한 마리가 동료가 뛰어오르는 걸 막은 것이다. 재미있게도 나중에 투입된 원숭이들은 한결같이 같은 행동을 보였다. 왜 바나나를 먹으면 안 되는지 영문도 모르면서 계속해서 다른 원숭이들을 제지한 것이다. 어떻게 이런 일이 가능할까? 왜 바나나를 먹으면 안 되는지 그 이유는 알지 못하지만 '관행'에 따라 '제지해야 한다.', '바나나를 먹으면 안 된다.'라는 일종의 학습이 형성된 것이다.

불행히도 회사 내에도 이런 식의 지식을 가진 이들이 뜻밖에 많다. 세일즈와 마케팅에 관련된 일을 하면서 업무의 개념을 제대로 파악하지 못하는 것처럼 '생각 없이' 일을 하고 무언가를 결정하는 일들이 찾아보면 비일비재할 정도로 많다. '왜?'는 묻지도 않고 '언제까지?', '무엇을?'만 찾는 비 창의형 인재들이다.

물세례를 경험하지 않은 원숭이들이 '바나나를 먹으면 안 된다.'라고 생각하는 것은 암묵지라고도 할 수 없다. 암묵지는 아직 형식지로 표현되지 않았지만, 경험에서 비롯된, 그래서 충분히 인지된 지식이다. '그냥 바나나를 먹으면 안 되는가 보다.' 하는 두루뭉수리 한, 이도 저도 아닌 개념 없는 지식과는 완전히 다른 것이다.

누군가 일을 제대로 하는 프로페셔널인지 그렇지 않은지를 구분하는 방법은, 이렇게 자신의 일에 대해 개념 정리가 잘 되어 있는지, 그렇지 않은지로 판가름해볼 수 있다. 바쁘다는 이유로 일을 건성건성 한다든가 잘 모르는 분야라고 일을 띄엄띄엄하면 회사뿐 아니라 개인의 미래도 보장받을 수 없다. 회사 내 리더들은 조직원들을 이런 상태에서 벗어나도록 해야 할 의무가 있지만, 리더를 따라가는 팔로워Follower들도 기초적으로 이런 '개념 인재'는 되어야 한다. 그래야, 회사에 '최소한의 보탬'이 된다.

지식습득 그 Input과 Output

강의 시마다 수강생들에게 하는 질문이 있습니다.

"한 달에 책을 몇 권이나 보시나요?"
"신문을 정독하시는 분 손들어 보세요."

오늘도 몇 분만 손을 듭니다.

어렵지 않게 듣는 푸념 조가 있습니다.
시간이 없다, 회사가 나를 가만두지 않는다, 도무지 짬이 나지 않
는다….
왜 책을 읽지 않느냐고 하면 모두 이런 이유를 댑니다.

세상사는 Input에 비례해서 Output이 나오는 법입니다.
지식도 마찬가지지요. 습득이 있어야 좋은 결과물을 만들 수 있죠.
그런데 모두 이 선행학습은 게을리하면서 Output만 욕심냅니다.

그릇에 담은 게 없는데, 그곳에서 얼마나 향기나는 음식이 나오겠
습니까?

사실 한가한 사람이나 바쁜 사람이나 책 안 읽기는 매한가지입니
다. 마음만 앞서는 분들이 많다는 얘기입니다.

좋은 지식을 가지고, 세상을 호령하길 원하신다면,
그 지식의 습득을 게을리해서는 안 됩니다.
이것이 부단히 Input에 신경 써야 하는 이유입니다.

조직도 조직원에게 Output만 요구할 게 아니라,
Input에 신경 쓰고, 더 많은 배려를 해야 합니다.
그래야, Input에 비례한 Output을 계속해서 만들 수 있습니다.

Chapter
03
1분
자기
경영

ONE MINUTE SELF MANAGEMENT

45 자기계발을 성공으로 이끄는 비결

이제 직장인 개개인의 자기계발 의지 자체가 기업 경쟁력 향상의 중요한 요건이 되었다. 과거 자기계발은 여유 있는 자의 '선택' 이었지만 이제는 조직의 경쟁력을 좌우하는 핵심 항목이 되었다. 직장인Salary Man과 학생Student의 합성어인 '샐러던트' Saladent 라는 신조어가 어느덧 보통명사로 통용되고 있을 정도로 이제 공부하지 않는 직장인은 스스로 도태될 수밖에 없는 시대가 됐다. 한 조사에 따르면 직장인의 80%가 자기계발을 하고 있으며, 하루 평균 1시간 33분, 매달 평균 19만 3,000원 정도의 시간과 비용을 자기계발에 투자하고 있다고 한다. 자투리 시간을 이용해 자기계발에 몰두하고 있는 직장인이 얼마나 많은지 짐작할 수 있는 대목이다.

그렇다면 자기계발은 어떻게 해야 좋을까? 저마다 목표와 전략이

다르겠지만 공통으로 갖춰야 할 필수 요소들이 있다. 우선 각종 경제 · 경영서적을 읽으며 세상을 보는 안목과 지식을 넓히는 것이 중요하다. 매월 한두 권 이상의 독서를 통해 간접 경험을 쌓는 것은 자기계발의 가장 기초적인 단계가 된다. 또 유망한 자격증을 취득하는데 과감히 도전장을 내던지는 자세도 필요하다. 영어, 중국어, 일어 등 외국어 공부를 꾸준히 하는 것은 큰 자산이 된다. 한발 더 나아가 해외 MBA도 도전해 볼만하다. 원격교육을 이용하면 비행기를 타지 않고도 국내에서 미국의 대학과정을 이수할 수 있다.

하지만 직장생활과 공부를 병행한다는 건 만만한 일이 아니다. 체력적인 문제도 있지만 시간과 비용도 무시 못 할 요인이다. 이런 직장인들에게는 사이버대학을 추천하고 싶다. 굳이 캠퍼스를 찾지 않아도 실용적인 교과목을 수강할 수 있고, 학위를 따기 위한 학점도 얼마든지 인정받을 수 있다. 실무 위주로 강의가 진행되고 등록금도 사립대학의 3분의 1수준에 불과하니 투명봉투를 쪼개 자기계발에 나서야 하는 직장인들에겐 안성맞춤이라 하겠다.

습득한 지식은 최대한 활용하라!

동료와 똑같은 조건에서 자기계발을 시작해도 결과와 성취도는 제각기 다르기 마련이다. 익히고 배운 지식을 실무에서 십분 활용하는 사람이 있지만 그렇지 못하는 사람이 의외로 많다. 왜 이런 차이가 나는 것일까? 지식을 습득하는 요령과 활용 여부가 다르기 때문이다.

지식은 배움에 대한 목마름이 있을 때 비로소 얻어진다. 뚜렷한 목적의식이 생기면 더 적극적으로 지식을 습득하려고 노력하게 된다. 관심 있는 분야를 정해 체계적으로 지식을 쌓는 것이 무엇보다 중요하다는 얘기다. 또 자격증 시험처럼 당락이 결정되는 과정을 거치는 것도 좋다. 원하는 분야의 공부에 매진하되 시험 통과를 목적으로 하면 심리적인 압박감 때문에 도전정신이 강해지고 그만큼 성취욕구도 커진다. 또 목표를 설정하고도 얼마쯤 시간이 지나면 긴장이 풀리기 마련인데 이럴 때는 과제를 완수한 후의 자기 모습을 상상하면 의욕을 되찾는데 도움이 된다. 평상시에 이미지 트레이닝을 하는 것이 성공에도 도움이 된다는 얘기다. 또 지나치게 높은 목표를 세워 중도에 포기하는 것보다는 작은 목표라도 성취 가능한 목표를 설정하는 습관을 들이는 것이 좋다. 성공을 향한 나만의 계단을 마음속에 그려두라는 얘기다.

아울러 시간과 돈을 투자해 애써 습득한 지식이라도 그냥 내버려 두면 아무런 쓸모가 없다. 입력해 둔 지식은 자주 출력해줘야 한다. 지식은 활용하는 순간 생명력을 얻는다. 지식이 머릿속에서 잠들지 않도록 부단히 깨워야 한다. 글쓰기는 이런 상황의 특효약이다. 자신만의 지식노트를 만들어 칼럼을 쓰듯이 주기적으로 지식을 정리하고 글을 써내려 가면 문장실력도 늘고 휘발성이 강해 날아가는 지식도 꼭꼭 붙들어 맬 수 있을 것이다.

46

Are you Ready?
Then, Crazy!

「비즈니스에서 성공하는 100가지 지혜」의 저자 다카하라 케이치로는 책에서 "자신의 일을 아는 자는 자신의 일을 행하는 자보다 못하고, 자신의 일을 행하는 자는 자신의 일을 좋아하는 자보다 못하고, 자신의 일을 좋아하는 자는 이것을 즐기는 자보다 못하다."라는 말을 했다. 많은 이들이 원하든 그렇지 않든 생업을 위해 직업을 갖고 일을 하고 있으며, 일을 통해 만족과 보람을 얻고 있다. 어떤 경우든 자아가 충족되지 않는 수동적인 일의 행위는 만족과 보람은커녕 슬픔을 안겨다 준다.

언젠가 이런 이야기를 들은 적이 있다. "하고 싶은 것은 피하고 주위에서 하지 말라는 것만 찾아서 하라." 예컨대 술, 담배, 성욕, 게임에 대한 욕구 등등…. 본능적으로 좋아하게 되는 것은 피하고,

공부, 일, 사회봉사 등 되도록 피하게 되는 것들을 골라서 하면 이것이 성공으로 가는 지름길이라는 것이다. 일리 있는 이야기여서 한동안 행동에 옮겨보기도 했는데, 정말 효과가 있었다. 그런데 시간이 흐르면서 이러한 잣대가 더는 효과를 볼 수 없게 되었다. 자유주의와 개방화 물결이 넘실대는 사회로 탈바꿈되면서 과거 출세를 보장받던 몇몇 직종과 업종은 무색해지고 다채로운 문화가 자리를 잡은 탓이다. 이런 방식이 여전히 담배와 술을 끊는 데는 상당히 효과적이지만, 이제 사회 분위기는 더는 하기 싫어하는 공부와 일에 매달리지 않고서도 충분히 여러 각도에서 성공할 수 있는 시대가 되었다. 본능적으로 엔도르핀이 도는 일만 열심히 해도 크게 성공할 수 있는, 과거와는 180도로 환경이 달라진 것이다. 일찍이 전인교육이 주창될 때부터 이러한 시대 변화는 이미 예고됐었다. 아직도 이공계 기피현상이 가시지 않고 있다고 하지만, 과거 많은 분야에서 마이너 취급을 받던 분야의 인물들이 이제 당당히 메이저리그에서 뛰는 것을 보면 정말이지 세상이 바뀌어도 확 바뀌었다는 생각이 든다.

'자신의 끼'가 중요하다

그러나 아무리 자유주의 물결이 이는 시대라 하더라도 여전히 사회적인 잣대는 존재하기 마련이다. 여전히 비주류가 존재하고 마이너도 존재한다. 그러나 큰 틀에서 볼 때 사회적으로 형성된 도덕적 잣대를 넘어서지 않는다면 이제 거의 모든 분야에서 마음껏 자신의 끼를 발산하여 성공할 수 있다. 이러한 환경변화에 따라 오늘날 취업전문가나 창업컨설턴트들은 무엇인가 새롭게 시작하려는 사람들에게 공통으로 던지는 질문이 있다. 바로 "선택하려는 것이 자신이 정말 좋아하는 것인가?" 하는 것이다. 특히 창업 컨설턴트들의 메시지는 매우 강렬하다. 그렇지 않으면 자신이 좋아하는 분야를 사업 아이템으로 잡지 못하면 실패할 것이라고 장담한다. 실제로 이들은 "요즘 잘 나가는 사업 아이템이 무엇이냐?"고 물어오는 사람들보다 자신만의 분야에서 승부를 거는 이들이 더 성공 확률이 높다고 말한다.

무엇이든 자신이 좋아하는 일을 하게 되면, 우리 몸에 엔도르핀이 돌게 된다. 엔도르핀이 도는 상태에서는 업무 생산성과 스스로 만족도가 더욱 높아진다는 것이 이미 입증된 사실이다. 게다가 좋아하는 일을 하게 되면 아무리 어려운 일이라도 즐겁게 일을 할 수 있다. 반대로 즐겁지 않은 일을 할 때는 그렇지 않을 때보다 평균 2~3배의 중압감을 느끼게 된다.

좋아하는 일을 찾았는가? 그럼 즐겨라!

한 조사에 의하면 오늘날 자신의 위치와 직업에 만족하는 사람은 전체의 20%를 넘지 않는다고 한다. 그러나 어떤 분야에서든 이직률은 많아야 20~30%를 넘지 않는다. 나머지 사람들은 만족하지도, 즐겁지도 않은 인생을 계속해서 지속시키고 있는 것이다. 석세스 Success紙의 창간자인 오리슨 스웨트 마든은 그의 저서 「하고 싶은 일을 하라 다리미디어」에서 이러한 사람들에게 의미심장한 말을 던지고 있다.

"당신이 하고 있는 일에 재미와 보람, 확신을 느끼지 못한다면 왜

그 일에 집착하는지 스스로 자문해보라."

생각건대, 우리 사회에는 이러한 자문을 던져야 할 사람들이 너무도 많다. 즐겁지 않은 일을 하는 사람들은 바로 노예라고 말하고 싶다. 어떤 형태로든 현실의 굴레에서 벗어나지 못하고 있고, 스스로 인생을 창의적으로 바꿀 용기와 도전의식도 없다. 그냥 현실에 안주하고 있는 회피주의자다. 만일 당신이 이러한 상태에 있다면, 당장 자신이 가장 좋아하는 일이 무엇인가를 곰곰이 생각해 보라고 권하고 싶다. 분명히 그곳에 더 나은, 그리고 가치 있는 미래가 있을 것이다.

47 꼭 책을 읽어야만 하는 이유

"하루라도 책을 읽지 아니하면 입안에 가시가 돋친다."—日
不讀書 口中生荊棘 독서를 즐기는 이들도 책을 읽지 않으면 '두뇌가
노쇠해지는 것을 느낀다.' 라고 하니 백번 맞는 말이라 하겠다. 독
서를 아무리 강조해도 지나치지 않는 것은 이처럼 우리를 살찌우
는 양식이 되기 때문이다. 특히 요즘과 같이 실시간으로 세상이 변
하고 경쟁이 치열한 환경에서는 몸과 마음을 상시적으로 무장할
필요가 있다. 책은 이런 시대 변화에 능동적으로 대처하게끔 지혜
를 선물한다. 그럼에도 많은 이들이 여전히 책을 멀리 하고 있다.
우려스러운 일이 아닐 수 없다.

세계인 중 유달리 민족성이 강하기로 소문난 독일인들은 사고의
폭이 넓고 깊다는 소리를 듣는다. 탄성이 절로 나오는 장대한 문학

의 나라답게 집집이 장서長書가 즐비하고 언제 어디서나 독서를 하는 풍토가 조성돼 있다. 이처럼 책은 사고의 깊이를 더해주고 합리적이고 풍부한 감성을 선사해주지만, 우리나라에서는 아쉽게도 책을 읽으려는 이들이 갈수록 줄어드는 것 같다. 특히 나이가 어린 신세대들일수록 갈수록 책을 멀리 하는 경향이 심화되고 있는데 심각한 현상이 아닐 수 없다. 나라를 이끌어 갈 미래의 일꾼들이 책을 읽지 않는다면, 우리들의 미래도 암울할 수밖에 없다.

독서 중독자가 돼라, 인생이 달라진다

책은 우리에게 단순히 지혜를 주는 것만이 아니다. 다양한 상상력과 잠재적인 창의력을 길러주고 삶의 신조가 되는 꿈과 희망을 선사한다. 그뿐만 아니라 우리는 책 한 권으로 인생의 지표를 달리하게 될 수도 있다. 특히 아동에게 있어 책은 꿈과 희망의 원천적인 요소가 된다. 어려서 감명 깊게 읽은 책 한 권으로 인생의 목표를 설정했다는 이들이 얼마나 많은가?

오늘날은 각종 미디어와 인터넷의 발달로 언제 어디서나 어렵지 않게 책을 구해 볼 수 있는 시대다. 광속의 인터넷으로 출간된 지만 하루도 되지 않은 신간서적들이 분류별로 검색돼 도출되고 세계 각국의 출판물도 자동 번역 시스템으로 방안에서 실시간으로 구해 볼 수 있다. 하지만 게임 오락 등의 번성에 비해 e-book 시장은 상대적으로 왜소하다는 느낌을 받는다. 물론 국가나 관련 단체의 더욱 적극적인 독서캠페인 전개가 선행되어야 하겠지만, 그보다는 개개인이 습관적으로 독서에 젖어들려고 하는 노력을 해야 할 것이다.

우리는 주변에서 여러 가지 문화에 '중독' 되어 있는 이들을 만나게 된다. 하지만 술과 담배, 마약, 게임, 성 등 자극적인 것에 얽매인 중독자들이 난무할 뿐, 인생에 커다란 도움을 주는 독서 중독자는 찾아보기 어렵다. 이런 점에서 한 가지 당부의 말을 하자면, 독서는 계획적으로 하는 게 아니라는 것이다. 독서는 '작정' 하고 읽기보다는 '무작정' 읽는 것이 효과가 크다. 이를 위해서는 습관적으로 책을 읽는 것이 중요하다. 더욱이 인간은 망각의 동물이라서 짧은 기간에 집중적으로 책을 읽기보다는 짧은 분량이라도 반복적이고 습관적으로 책을 대하는 습관을 들여야 한다.

우리는 문화의 시대에 살고 있다. 독서는 문화를 만드는 밑거름이다. 따라서 독서를 즐긴다는 것은 다양한 문화를 접하고 여기에 길든다는 얘기가 된다. 점점 삭막해져 가는 시대, 스승까지는 아니더라도 다양한 문화와 대면할 수 있는 한 권의 벗을 사귀어보는 것은 어떨까.

48 네 안에 잠든 거인을 깨워라

자기 안의 1%를 깨우라는 메시지가 여기저기서 들린다. 90년대 중반까지만 해도 재테크와 취미, 레저 등의 분야에 관심이 쏠리던 것에 비하면, 삶의 여유가 그만큼 줄어들었다고 할 수 있겠다. 자기계발 열기가 뜨거워지자, 자신을 일깨우는 방법도 가지가지로 늘었다. 초기엔 점심때와 퇴근 후를 활용한 자기계발 열기가 활발하게 전개되었는데 이제는 잠자는 시간을 쪼개고 자투리 시간을 활용하려는 직장인이 크게 늘었다. 삶의 경쟁이 그만큼 치열해졌다는 얘기일 것이다.

자기계발을 강조하는 메시지는 크게 두 가지다. 물리적으로 시간을 쪼개라는 것과, 내면을 깨워 경쟁력을 키우라는 것. 지난 2002년 국내에서 초판을 낸 「네 안에 잠든 거인을 깨워라」는 후자에 속한다. 물리적인 시간 활용을 강조하기보다 잠재력을 배가시켜 경쟁력을 높이는 자기계발 메시지가 담겨 있다. 이 책의 내용을 요약해서 소개하려는 것은 아니다. 강조하고 싶은 것은, 자기계발이 결과로 이어지려면 스스로 강력한 의지와 욕구가 우선되어야 하고, 그것이 충실하게 실행되어야 한다는 것이다. 훌륭한 자기계발서들이 이러한 바탕을 제공하기는 하지만, 그렇게 나아갈 수 있는지 아닌지는 역시 자신에게 달렸기 때문이다. 필자는 그런 점에서 자기계발의 두 가지 방법_{물리적인 시간 쪼개기와 내면 깨우기}에 있어 후자를 택하되, 잠재의식을 분명하게 흔들어 깨우고, 동시에 본인만의 실천 가능한 계획표를 덧붙이라고 권하고 싶다.

일상의 시간은 한정돼 있다. 물론 한정된 시간이라는 자원을 110% 활용하는 것은 훌륭한 일이다. 실제로 성공을 쟁취한 사람 중에는 이와 같은 유형이 많다. 하지만 이는 과거에 성공을 이룬 사례일 뿐이다. 적어도 지금과 앞으로는 그렇지 않다. 두 사람의 큰 부자가 있다고 하자. 한 사람은 먹을 것과 입을 것을 줄여 부를 이루었고, 다른 한 사람은 확보한 부를 계속해서 가치 있게 만듦으로써 더 큰 부를 창출했다. 둘 중 어느 부자를 선택할 것인가? 당연히 후자를 선택할 것이다. 시간에서도 전자의 부자는 한정된 시간을 늘림으로써 부를 축적했지만, 후자의 부자는 한정된 시간을 늘리기보다 가치 있게 쓰는 데 골몰했다. 자기계발에 대한 효과도 이와 같다. 한정된 체력을 계속해서 소진하도록 자신을 독려할 필요는 없다. 그 시간에 잠자는 내면의 의식을 깨우는 명상을 하는 것이 더 효과적일 수 있다.

어차피 인생의 시간은 유한하다. 시간에 얽매여 그것을 늘리려 하기보다는 자신의 내면을 팽창시켜 가치를 극대화하는 것이 더 큰 성공에 다다르는 길이다. 경쟁이 심화한 작금의 현실에서는 적어도 그렇다. 자고로 무작정 노력해서는 목표에 이르기 어려운 세상이다. 과거에는 24시간을 25시간으로 만드는 것으로 성공을 얻을 수 있었지만, 이제는 그렇지 않다. 실제로 세상의 부와 명예는 24시간을 10시간으로 줄여 효과적으로 쓰는 사람들이 쥐고 있다. 이들은 시간을 쪼개기보다 가치 있게 쓰는 데 골몰해 한다. 이런 사람들의 1시간은 보통 사람의 10배와도 맞바꿀 수 없을 것이다.

벤저민 리턴버그는 "자신의 잠재능력을 계발하지 않고 편하게 살아가는 것은 일종의 자살이다."라고 했고, 젤레는 "인생에 있어서 가장 훌륭한 업적은 의식하는 마음과 잠재의식의 긴밀한 협조에 의해서만 얻을 수 있다."라고 했다. 경쟁력을 높이는 자기계발을 이런 식으로 접근해보자. 그야말로 내 안의 거인을 깨워서, 전략적으로 자기계발에 나서는 것이다. 이것은 물리적으로 시간을 늘리는 자기계발 방법이 아니라 오히려 시간을 줄이면서 효과를 크게 하는 것이다. 잠자는 내면의 무한한 잠재능력을 깨우면 가능한 일이다.

49

성공으로 가는
습관을 들이자

습관에는 두 가지가 있다. 성공으로 가는 습관과 실패로 가는 습관. 당신은 어느 열차에 몸을 실을 것인가? 직장인의 습관을 길들이는 서적들이 서점가에 꾸준히 인기를 끌고 있다. 베스트셀러로 돌풍을 일으킨 「아침형 인간」도 결국 "습관을 효율적으로 바꿔라."라는 메시지이고, 「나를 변화시키는 좋은 습관」, 「메모의 기술」 등도 모두 습관과 관련이 있다. 습관은 정말 무섭다. 잘못된 습관 하나 때문에 나락의 길로 접어든 인생은 부지기수로 많다. 반대로 성공자의 면면을 보라. 대부분 규칙적인 일상과 목표관리, 자기절제 등 평상시 올바른 습관으로 성공에 도달했다는 것을 알 수 있다.

좋은 습관을 들이라는 것은 만고의 진리다. 하지만 이를 고치기는 쉽지 않다. 좋은 습관을 들이는 실천이 쉽지 않은 것은, 우리의 정신과 몸이 이미 기존의 관성에 익숙해져 있기 때문이다. 이것을 바꾸려고 하니 당연히 쉽지 않은 것이다. 습관은 우리가 경험칙에 따라 행해온 일련의 법칙에 따라 견고한 콘크리트처럼 축적된 관행이다. 잘못된 관행은 그대로 두면 나중에는 도저히 치유하지 못할 상태에 이를 수 있다. 하지만 현 상태에서 그대로 주저앉지 않으려면 반드시 고쳐야 한다. 이것이 성공과 실패로 갈리는 선택의 기준이다.

항상 지각하는가? 늘 주변정리를 제대로 하지 못해 무언가를 찾을 때마다 난리법석을 피우는가? 대화할 때 말을 절제하지 못해 끼어드는 버릇이 있는가? 어떤 습관은 자신의 손해만 가져오지만, 어떤 습관은 타인에게까지 심각한 손해를 끼쳐 조직의 발전과 생산성을 저해하기도 한다. 그동안 인식하지 못했던 크고 작은 습관들이 모이면 이런 상황에까지 이를 수 있다. 무엇이 문제인가를 잘 살펴라. 그리고 주변의 조언에 귀를 기울여라. 잘못된 습관을 가진 사람들은 분명히 주변의 누군가가 여러 차례 이를 지적했을 것이다. 만약 그렇지 않다면, 지적 자체를 포기했거나 아예 관심 대상에서 제외되었을 수 있다. 이런 상태라면 잘못된 습관이 정도를 지나치고 있다고 봐도 틀리지 않다.

좋은 습관을 들이려면, 우선 나름의 생활 규칙을 만드는 것이 좋다. 이것마저 쉽지 않다면 훌륭한 성공자의 습관을 그대로 따라해 보는 것도 좋다. 상대를 벤치마킹한다는 것은 최소한 그 정도에까

지는 도달하겠다는 의지이므로 가장 안전하고 빠른 발전의 길일
수 있다. 습관을 바꾸는 것은 다른 말로 변화를 꾀하는 일이다. 변
화하고 싶지 않은가? 주변을 보라. 모두가 바뀌고 있고 변화하고
있다. 자고로 변화가 사회를 선도하는 세상이다. 이런 세상에서 변
하지 않는다는 것은, 곧 도태 그 자체를 의미하는 것이다.

좋은 습관은 현재뿐 아니라 발전적인 미래를 창출하는 지름길이
기도 하다. 동시에 현재의 상태에서 할 수 있는 최선의 일이기도 하
다. 우리는 연금술사 중에서도 미래예측이 가능한 사람들을 최고
로 꼽는다. 연금술사들이 미래를 보는 방법은 상상을 통해 미래의
창을 여는 것이다. 그러나 미래의 창을 열었다고 해서 모든 것이 해
결되는 것은 아니다. 만일 그대가 현실에서 탈피해 획기적이고 환
상적으로 변화할 수 있는 미래를 보았다고 치자. 무엇이 달라지는
가? 사실 현재 상태에서는 아무것도 달라지는 것이 없다. 단지 좋
은 상상을 한 것에 지나지 않다. 그러나 좋은 습관을 들이면, 미래
의 창으로 가는 나만의 훌륭한 통로를 만들 수 있다. 미래의 성공을
보고예측하고, 그곳으로 가는 통로를 만들어 그대로 걸어간 이들이
성공자들이다.

습관은 자신의 감정과 일상을 절제하는 기술이다. 이것은 더 나
은 삶과 미래를 위해 반드시 필요하다. 더불어 좋은 습관을 지닌 이
들의 조직을 발전시키는 데도 큰 에너지가 된다. 그러나 당장 실천
하지 않으면, 좋은 습관도 발전적인 미래도 허상虛想에 지나지 않는

다. 중요한 것은 지금 당장! 실천하는 것이다. 오늘, 백지장을 세로로 가로질러 금을 그어 넣고 좌우로 좋은 습관과 고쳐야 할 나쁜 습관들을 적어보자. 분명히 고쳐야 할 나쁜 습관들이 엄청나게 쏟아져 나온다는 것에 놀라게 될 것이다. 이것들은 모두 당신의 발전적인 미래를 저해하는 암 덩어리들이다. 이것들을 어떻게 하겠는가?

50

성공플랜부터 정교하게 짜라!

직장인 대다수가 '성공을 위해' 직장 생활을 한다고 말한다. 그런데 성공을 '쟁취' 하기 위해 어떤 요건들을 사전에 갖춰야 하는지는 간과하는 경우가 많은 것 같다. 행동보다 생각이 앞선다면, 그것은 욕심이 지나친 것과 같다. 이렇게 욕심이 지나친 직장인이 되지 않으려면 성공의 요건들을 먼저 실천에 옮기고 있는지 자가진단을 해봐야 한다.

성공목표를 향한 충성이 필요하다

주기적으로 자신에게 반드시 물어봐야 할 것이 있다. "성공을 위해 오늘 하루 어떤 노력을 했는가?" 하는 것이다. 많은 직장인이 하루 24시간이 모자랄 정도로 일과를 바삐 보냈다고 하고, "난 오늘 최선을 다했어!" 하며 스스로 격려를 아끼지 않는다. 하지만 사실은 자신이 설정해 둔 목표를 위해 바빴던 것이 아니라 그냥 주어진 일상에 충실했을 뿐이라는 것을 잊고 있다. 성공이란 단지 '충성스럽다.' 라는 이유만으로 이루어지는 게 아니다. 물론 성실이란 것은 성공의 필요조건임이 틀림없다. 그러나 성공은 그 목표의 대상이 뚜렷하게 설정되고 그 거리의 간격이 점차 좁혀지고 있을 때 담을 수 있는 말이다. 따라서 그 설정의 범위를 벗어난 충실이나 성실은 성공을 위한 행위와는 무관한 것이다.

과거 산업화가 급진전하던 시절에는 조삼모사朝三暮四의 격언을 되뇌며 성공의 반열에 올라선 인물이 많았다. 그러나 지금은 이보다 더 많은 것이 필요하다. 성공을 향한 더욱 정교한 플랜을 세우지 않으면 그 도달 가능성이 과거보다 훨씬 적다는 얘기다. 오늘날의 환경은 획일적인 방향에서 성공을 움켜쥐던 시대와는 180도로 달라져 있다. 연공서열과 나이, 학벌, 성별 등에서 멀리 떨어져 있고, 앞으로도 점점 더 이런 것들에서 멀어져 갈 것이다. 직장인들의 위상도 많이 변해서 어떤 면에서는 기업의 간판이 그다지 중요하지 않은 시대가 됐다. 벤처로 시작된 'One Man Company' 는 전국적으로 이미 수십만 개에 달하고 있다. 취업이 안 된다고 아우성이지만 한쪽에서는 '백수 과로死', '연봉 10억대 월급쟁이' 라는 말이 나돌고 있다. 이런 상황에서라면 "나는 어떤 성공자의 모습으로 달려가고 있는가?" 자문하지 않을 수 없다.

더욱 정교한 성공계획을 짜라

결론적으로 더욱 완벽한 성공계획의 수립이 필요하다. 막연히 성공을 향해 달려가는 행렬에서 벗어나 이미 설정된 성공의 목적지를 향해 제대로 달려가고 있는지, 과연 효과적인 방법으로 성공의 길을 찾아가고 있는지 체크해 볼 필요가 있다. 일상적으로 업무에 활용하는 것처럼 '성공 체크 리스트'를 만들어 이를 실천해 보자. 현재 자신이 달려가는 성공에 더욱 진일보하게 다가설 수 있을 것이다.

또 한 가지는 현재의 시대환경에 맞게 스스로 개선하고 있는가 하는 것이다. 세상은 이미 정보화 사회라 불리는 21세기 디지털 환경 속에서 혁신에 혁신을 거듭하고 있다. 이 때문에 기업들도 경영혁신과 전략에까지 이를 활용하는 시대가 되었다. 연차보고서와 판매지침서, 고객 및 경쟁업체 · 공급업체의 가격정보, 생산현장의 작업지침서 등 기업 내의 무수한 문서도 디지털화되거나 전자적인 장치로 변환되고 있다. 제품개발과 마케팅, 재무, 생산, 엔지니어들의 공동 작업에 이르기까지 사내 · 외 환경이 전반적으로 변화하고 있는 것이다. 이러한 변화되고 있는 환경에 대한 적응은 어떻게 보면 성공과 관계없이 기본적으로 선행되어야 할 것들이다. 정보화 사회에서는 누가 더 빨리, 더 효과적으로 재빠르고 정확한 정보들을 수집, 활용하느냐가 기본적으로 생존의 키워드를 담보하기 때문이다.

21세기 들어 여러 기관이 성공 직장인이 갖추어야 할 자질에 대해 내놓은 자료에서도 시대적 환경을 고려한 것들이 많다. 이 중 한 기관이 21C형 직장인에게 필요한 자질이라고 소개한 것을 나열하면 다음과 같다.

1. 첨단기술을 잘 활용한다.

2. 자기 직업에 대한 프라이드가 강하고 여러 방면에 관심이 많다.

3. 좌절과 실패를 두려워하지 않고 무엇이든 도전해보겠다는 각오
   가 남다르다.

4. 외국어에 능통하고 국제화 감각이 있다.

5. 자신을 알리는데 적극적이다.

6. 빠른 사회 변화에 적응을 잘한다.

7. 인터넷 등 정보화 시대에 걸맞는 실력을 갖추고 있다.

8. 한 가지 분야에서는 남들이 따라오지 못하는 기술을 갖추고 있다.

9. 현재보다는 미래를 중요시하고 개척정신이 강하다.

10. 동료애가 강하고 어떤 팀워크에도 쉽게 융화되는 특성이 있다.

만약 성공의 대열에 끼고 싶다면 이들 중 몇 가지 항목에 대해서

우위를 가졌는지 체크해 보라. 그리고 자신이 설정한 성공의 목표를 달성하는 데 꼭 필요한 자질이 빠져 있지는 않은지 살펴보라. 끊임없는 목표설정과 이에 대한 효율적이고 현실성 있는 실천, 시대 환경에 걸맞은 끊임없는 자기계발, 성공은 이런 것들의 전제하에서 실현 가능성이 점차 커지는 것이다.

51 희망과 성공의 비례법칙

예나 지금이나 성공이란 단어는 세인들을 설레게 한다. 그런데 성공한 인물들이 스스로 성공했다고 이야기하는 경우는 매우 드물다. 오히려 주위 사람들이 그 같은 찬사를 보낸다. 그런데 엄밀히 말하면, 이 경우는 성공했다고 말할 수 없지 않을까? 성공이란 스스로의 잣대로 가늠되는 것일 테니까. '꿈은 이루어진다.' 히딩크 감독이 우리에게 남겨준 커다란 선물을 기억할 것이다. 그는 '꿈은 이루겠다고 하면, 반드시 이루어진다.'는 교훈을 우리에게 남겨주었다. 우리의 꿈인 16강을 4강으로 되돌려줬으니 온 국민이 감격해 하지 않을 수 없었을 것이다. 많은 이들이 꿈을 꾸고 희망을 품으며 삶을 살아가고 있다. 그러나 히딩크의 신화처럼 모든 경우마다 성공을 낚아챌 수는 없다. 모든 이들이 꿈과 희망을 품지만, 모두가 성공을 획득할 수는 없다.

그렇더라도 성공은 꿈과 희망을 품은 사람에게 다가올 확률이 높다. 성공은 반드시 성공하리라고 굳게 믿는 사람에게만 다가온다. 많은 이들이 힘겨운 현실과 맞서 싸우면서도 용기를 잃지 않고 살아갈 수 있는 것도 이 같은 희망이 우리에게 있기 때문이지 않은가. 「나는 희망의 증거가 되고 싶다」의 저자 서진규 씨는 온갖 역경에도 자신과의 싸움을 이겨내 결국 미 육군소령으로, 하버드대 박사로 재기해 세인을 놀라게 했다. 자서전을 발간하고 나서 밝힌 바대로 그녀는 희망이 필요한 이들에게 작은 등불이 되고 싶었다는 메시지를 우리에게 전했다. 정도의 차이는 있겠지만 세상의 모든 이들은 누구나 나름의 꿈과 희망을 품고 살아간다. 만약 그렇지 않다면, 살아 있는 시체와 다를 바 없을 것이다. 삶의 의욕이 없는 사람은 아무것도 성취할 수 없으므로, 결국 진보가 있을 수 없다.

희망을 구체화할 수 있는 계획과 실천이 필요하다

그러나 희망을 품는다고 모두가 진일보할 수 있는 것은 아니다. 희망만 있고 실천이 없다면, 애당초 희망을 품지 않은 것과 다를 바 없다. 그것은 허황한 꿈에 불과하며, 실천 불가능한 욕심이다. 성공한 사람들을 분석해 보면 대체로 다음 3가지의 에너지를 발견할 수 있다고 한다.

- 신체적 원기 Physical Energy

- 이지적 원기 Intellectual Energy

- 감정적 원기 Emotional Energy

이중 감정적 원기가 매우 두드러진다고 하는데, 그만큼 하고자 하는 열의나 의욕이 앞서 있다는 것을 알 수 있다. 재미있게도 신체적으로나 정신적으로, 그리고 감성적으로 모두 원기가 왕성하다는 것을 알 수 있는데, 아마도 미래에 대한 확고한 신념과 열의로 현실에 매진하고자 하는 욕구가 크기 때문이 아닐까 싶다. 꿈과 희망은 이처럼 실천하고자 하는 열의가 있을 때 성공에 진일보하고 보다 목표에 구체적으로 접근하는 특성이 있다. 아울러 정한 목표를 달성하려고 세부적인 계획안을 갖고 이에 따라 실천하는 경우와 그렇지 않은 경우에서도 결과가 확연히 다르다는 것을 알 수 있다. 이는 프로골퍼들이 목표 지점을 대상으로 정교한 샷을 날리는 훈련을 계속하는 것과 같은 이치이다. 목표는 그만큼 구체화할 수 있는 노력이 뒤따를 때, 보다 구체화되고 정교해지는 것이다.

회피는 금물이다

성공한 사람들의 특성을 또 한 가지 소개하면, 매우 모험적이라는 것이다. 이들은 다소 돌발적이기도 하지만 항상 도전을 즐길 줄 알고, 최선을 다한다. 그리고 거기에 몰입하는 것을 잊지 않는다. 어떤 새로운 일이 등장했을 때 많은 이들이 "이것은 내가 할 일이 아니다. 귀찮은 일이 생겼군!" 하며 회피하려고 한다. 어떤 이는 돌출된 변수를 피하고자 그대로 현실에 안주하는 쪽을 택하기도 한다. 하지만 회피는 금물이다. 희망을 품고 그 성공을 쟁취하고자 하는 사람이라면 매사에 개방적으로 생각하고 행동하는 습관을 들여야 한다. 성공은 설정된 희망을 이루고자 끊임없이 노력하고 목표를 재설정하며 도전하는 이들에게 찾아오는 법이다.

그러나 신년 1월1일 수첩에 적어둔 크고 작은 계획들이 언제 그랬느냐는 듯 채 몇 달도 되기 전에 말끔히 지워지는 것처럼, 훌륭한 꿈과 실천계획을 끝까지 밀어붙인다는 것은 여간 힘겨운 일이 아니다. 그래서 스스로 자신을 변화시키고 채찍질할 수 있는 부단한 노력이 필요하다. 그것은 스스로 설정한 희망이란 단어를 표지판 보듯 수시로 바라보는 것이다. 그리하여 보약 같은 용기를 얻는 것이다.

52 살아남으려면 개혁가가 돼라!

요즘처럼 '변화'라는 화두가 현대인들에게 비수같이 꽂히던 때가 있었나 싶을 만큼 주변의 한숨소리가 거세다. 하지만 변화라는 단어가 실낱같이 들려올 때 그 파장을 조금이라도 짐작했더라면 당면한 변화를 감기쯤으로 치부할 수도 있을 것이다. 시대를 앞서 간다는 것이 힘든 일이긴 하지만, 전광석화같이 변화하는 작금의 시대를 바라보자면 이제 시대를 읽는 혜안은 생존을 위해 꼭 필요한 것이 아닌가 싶다.

변화에 대한 예고는 이미 포춘지와 같은 세계적 매체들이 오래전부터 경고한 일이었다. 포춘지는 급변하는 시대에 생존하려면 반드시 급진적인 혁신을 꾀해야 한다며 '개혁'을 강조했다. 그리고 그 생존전략으로 다양성을 인정하는 사고를 기를 것과 창의적인 문화를 기를 것, 덩치보다는 규모에 맞는 수익성을 생각할 것, 영역 간 경계의식을 버릴 것, 효율적 혁신을 꾀할 것 등을 주문한 바 있다. 포춘지가 지적한 것처럼 다양한 사고와 창의성, 혁신 등이 필요하다는 것은 뒤집어 보면 과거 경험과 관록에 의존하던 생존시대는 지나갔다는 것을 의미하는 것이다. 아울러 독불장군식 고집과 사고의 소유자들이 더는 발붙이지 못할 것이라는 예견이기도 하다.

하지만 둘러보면 아직 우리 주변은 변화에 대해 너무나 둔감하다. 더구나 자신의 일이 아니면 강 건너 일인 양 치부해 버린다. 조금만 생각하면 강바람을 타고 곧 자신에게도 불어 닥칠 것이라는 것을 알 수 있지만, 현실로 와 닿기 전에는 거부하려는 아주 오래되고 못된 습성이 있는 것이다.

과거 우리 기업도 이런 폐단에 길들어 온 게 사실이다. 경영자들은 생존을 위해서 우선 덩치가 커야 한다고 생각했고, 그러다 보니 문어발식 경영이 돼 버렸다. 규모에 맞는 수익의 상관관계는 따져보기조차 꺼리고, 이러다 보니 소량생산으로도 수익을 남길 수 있는 것을 대량생산을 고집하다 결국 나자빠져 종업원들만 거리로 내몰곤 했다. 망해도 크게 망해야 한다는 체면치레 경영이 효율경영을 앞서는 상황에서 기업의 생존지수를 기대한다는 것은 처음부터 틀린 것이었다. 우리가 이 시점에 그동안 흘려 넘겨온 '규모의 변화'에 대해서도 다시금 되씹어야 하는 까닭도 여기에 있다.

개혁 같은 혁신이 필요하다

또 한 가지는 '생존'에 대한 개념 정립이다. 생존을 어떻게든 살아야 한다는 막연한 시각에서 바라보면 곤란하다. 그것은 현실에 대한 버티기와도 다르지 않다. 효율을 등진 생존, 진일보를 생각하지 않는 생존은 멀리 가지 못한다. 그것은 생명이 조금 연장될 뿐이지 결국 또 다른 도태를 부르는 것이다. 생존을 위해서는 변화를 선도해 나가야만 한다. 많은 기업이 경영혁신을 외치고 직장인들도 자기계발이다 해서 밤낮으로 노력하고 있지만 변화가 이미 불어닥친 상황에서라면 일시적인 환경적응일 뿐이다. 그보다는 인재와 시스템, 혁신적인 제도, 다양한 사고와 인센티브 등으로 조직에 활력을 불어넣어 변화를 선도해 나가려는 궁극적인 노력이 있어야만 한다.

아울러 변화가 잦다는 것은 그에 따른 노력도 끊임없이 이어져야 한다는 것을 의미하는 것이기도 하다. 만약 생존지수를 계수화한 결과 매우 우수한 평가가 나왔다고 해서 그 평가치가 지속되리라 생각하면 곤란하다. 정상에 오르면 내려올 채비를 해야 하고, 잘 달리는 말에서 낙마했을 때 상처가 더 크다는 것을 잊어서는 안 된다. 생존이라는 것은 '계속해서 우위를 점하는 상황'에서 의미가 있는 것이지, 연명하고 있는 상태를 말하는 것은 아닐 것이다. 적자상태에서 경영된다고 해서 회사가 굴러가는 것이 아니듯 생존도 그러하다. 그런데 이를 위해서는 포춘지가 지적한 대로 변화에 대처할 수 있는 '개혁 같은 혁신'이 이루어져야만 한다. 누군가의 말처럼 '다른 기업이 상상할 수 없는 강도의 혁신이 있어야만' 생존할 수 있다.

옛말에도 '불입호혈 부득호자' 不入虎穴不得虎子라고 했다. 호랑이 굴에 들어가야 호랑이 새끼라도 잡는다는 교훈처럼, 변화의 시대를 살아가는 기업과 직장인들이 과감하게 모험을 걸지 않으면 큰 결과는 절대로 얻을 수 없을 것이다. 자신의 생존에 대한 지수는 이런 혁신과 모험을 감행하고 나서 따져보아도 늦지 않다. 만약 그렇지 않고 형식적이고 뒤처지는 모방으로 개혁하고자 한다면 마치 계란을 쌓아올려 조금만 건드려도 와르르 무너지는 것처럼 지극히 위험한 상태가 반복될 것이다. 당장 버틸 수 있는 전략보다 장기적이고 튼튼한 전략으로 생존지수를 높이는 지혜가 필요한 때다.

53 정상을 향해 성큼 내딛어라!

누구나 목표가 있다. 하지만 아무나 목표에 도달할 수 있는 것은 아니다. 목표에 도달하는 사람들은 선택받은 자들이다. 이들은 높은 정상을 바라보지만, 정상으로 향하는 일상은 매우 무의미하고 밋밋하다는 것을 안다. 그리고 이러한 날들이 모여 결국 정상에 도달한다는 것도 안다. 이들은 밋밋한 일상의 노력을 게을리하지 않고 부단히 성공을 향해 발걸음을 재촉한다. 목표가 다가오기를 기다리지 않고 스스로 목표에 다가서는 것이다.

몇 년 전 신문지상에 자신을 되돌아보게 하는 뉴스가 보도된 적이 있다. 두 팔이 없는 삼십 대 중반의 장애인이 세계 7대륙 최고봉과 세계 최고봉인 에베레스트 산 정상에 올랐다는 기사였다. 두 팔이 없는 상태에서 에베레스트에 오를 생각을 한 것도 예사롭지 않지만, 불굴의 의지로 정상에 올랐다는 사실이 큰 감동을 선사했었다. 그는 행여 누가 볼까 오로지 땅만 쳐다보고 한 걸음 한 걸음 내디뎠다고 한다. 세계 최고봉도 두 팔이 없는 그의 이런 끊임없는 행진에 정상을 내줄 수밖에 없었을 것이다.

요즘 직장인들은 연봉 10억 만들기가 큰 희망이자 목표인 모양이다. 연봉 1억 만들기가 한때 붐을 탔었는데 금세 10배나 껑충 뛰어올랐다. 연봉 10억이라면 30년 동안 매월 270만 원 이상을 꼬박꼬박 저축해야 모을 수 있는 돈이다. 그러나 큰 부富도 꿈을 향해 일상을 차곡차곡 쌓아올리는 '습관의 성공자' 들에게 현실로 돌아온다. 언젠가 일본의 한 증권회사가 주식투자를 통해 가장 돈을 많이 번 투자자를 선정해 발표한 적이 있는데, 팔순의 노모가 영예의 1위를 차지했다고 한다. 그런데 이 노모는 자신의 투자사례 발표에서 "나는 주식이 무엇인지 모른다. 은행처럼 돈을 저축하면 되는 줄 알고 평생 남편 월급을 꼬박꼬박 저축한 것뿐이다."라고 말해 주식투자의 왕도를 세인들에게 일깨워줬다. 가끔 국내 뉴스에도 노모가 평생 모은 고액의 재산을 사회에 헌납했다는 미담사례가 보도되곤 하는데, 이들이 돈을 모은 수단과 방법은 사실 그리 거창한 게 아니었다.

누구나 마음 한 부분에 거대한 '성공풍선' 을 가지고 있다. 사업으로 큰돈을 벌겠다거나, 명망이 높은 사람이 되겠다거나 하는 나름대로 기준을 가지고 있다. 하지만 정상에 오르려면 한 걸음의 발

걸음부터 시작해야 하듯이 부단하게 그리고 꾸준히 실천하여야 한
다. 이런 현실의 실행은 분명히 보잘 것 없고 별반 의미 없어 보일
수 있다. 하지만 시작하고 행동하지 않으면 정상은 계속해서 그 높
이에 있을 것이다. '성공풍선' 안에는 바로 이렇게 실행에 필요한
것들을 채워 넣어야 한다. '성공풍선' 은 일종의 헬륨과 같다. 헬륨
은 기구나 풍선을 하늘로 올리는 기체를 말한다. 만약 성공과 정상
에 대한 부푼 기대감만으로 헬륨을 채우지 않은 채 풍선을 하늘로
띄워 올린다면 어떻게 되겠는가? 풍선이 하늘에 올라도 그리 멀리
가지 못할 것이다.

자신만의 성공풍선을 갖되, 성공을 보장하는 자신만의 헬륨을 채
우자. 성공에 도달할 수 있는 것이라면 무엇이든 헬륨이 될 수 있
다. 약속 지키기, 의욕, 열정, 노력, 자기혁신 등등이 여기에 포함될
수 있다. 그러고 나서 장애 산악인이나 노모의 주식왕처럼 한 발 한
발 실천하는 습관을 들이자. 그러면 우리도 언제고 분명히 정상에
도달할 것이다.

자기 분야에서 전문가 되는 법

현대인들이라면 모두가 자기 분야에서 남과 다른 특정 지식을 가지고 있다. 만약 이 지식이 더욱 범용적으로 효용성이 있는 것이라면 더없이 좋겠지만 그렇지 않더라도 관련 분야에서 가치 있는 것임에는 틀림이 없을 것이다. 그렇다면, 내가 가지고 있는 특정 지식만으로 전문가로 대접받을 수는 없을까. 결론부터 말하면 충분히 가능한 일이다. 하지만 많은 사람이 자신을 평범한 직장인, 평범한 시민 정도로 깎아내리고 있다. 조금만 지식의 카테고리를 정리하면 얼마든지 여타 전문가들 못지않게 전문가 행세를 할 수 있는데도 그 요령(?)을 모르는 것이다. 이것은 누구나 요령을 부리면 전문가가 될 수 있다는 이야기는 절대 아니다. 전문가가 되려면 그에 걸맞은 노력과 정열, 전문지식을 갖추어야만 한다.

프로의식을 가져라

전문가들에게서 볼 수 있는 공통점은 프로의식이 투철하다는 점이다. '나는 프로다'라는 자기 전제, 프로의식이 있어야 한다. 뿐만 아니라 그에 걸맞은 노력을 꾸준히 해야만 한다. 현대사회와 같이 눈만 뜨면 세상이 변하는 시대라면 노력의 정도에 더 많은 힘을 실어야 한다. 철저한 자기의식, 그에 걸맞은 직업관과 세계관을 가져야만 한다. 전문가라면 적어도 자신의 분야에서 컨설턴트로 활동할 수 있을 전문지식의 무장과 의식이 뒤따라야 한다.

자격증을 노려라

많은 전문지식을 갖췄다고 해서 모두 전문가 대접을 받을 수 있는 것은 아니다. 특히 자격증에 대한 효력이 남다른 우리 사회에서는 더더욱 그렇다. 자격증이 필요한 전문 분야라면 더욱 두말할 필요가 없다. 그런 점에서 자격증은 전문인이라는 하나의 '징표'가 된다. 전문가로서의 객관적 인정을 받고자 한다면 이 징표를 십분 활용할 필요가 있다. 아울러 자격증을 취득할 때는 자신의 분야와 얼마나 밀접한 관계가 있는가, 얼마나 유망한 자격증인가, 시대동향과 얼마나 들어맞는 자격증인가 등등을 자세히 따져봐야 한다.

정보 수집에 민감하라

지속적으로 발전하는 전문인이 되려면 정보 수집은 필수다. 풍부한 지식의 무장은 반복적인 정보 수집에 의해 최대한 확장시킬 수 있다. 정보 수집은 더욱 구체적이고 깊이 있는 전문지식을 채워주는 창구이기도 하다. 자격증을 따려면 정보 수집은 필요충분조건에 해당한다. 인터넷의 관련 사이트나 전문인들의 인터뷰만을 전문으로 다루는 사이트 등도 도움이 된다. 앞선 전문인의 사례 역시 타산지석이 될 수 있다. 이런 점에서 정보의 범주는 넓을수록 좋다.

패러다임을 연구하라

전문가라면 최소한 시장동향 및 시대 패러다임을 꾸준히 연구해야 한다. 내가 속한 기업이나 업종이 지금 어떤 상태에 놓여 있고 어떤 발전모델을 그리고 있으며, 세계적인 움직임은 어떠한지 등을 지속적으로 관찰해야 한다. 과거의 사농공상에 사로잡혀 미리 쌓아둔 지식에 의존했다가는 도태의 위험을 감수해야만 한다. 내가 가지고 있는 지식을 계속 개선하기 위한 연구와 동태파악은 변화가 잦은 요즘과 같은 시대상황에서는 매우 절실한 것이라고 말하고 싶다.

지식을 확장시켜라

전문인으로 나아가는 방법은 상당히 많다. 지식의 확장은 그중 대표적인 사례라 하겠다. 앞으로는 가지고 있는 지식을 지식의 창고에 넣어두지 않고, 계속해서 확장시켜 나가는 전문인들이 대우받는 시대가 될 것이다. 윈윈win-win 전략에 기초한 기업 간 B2B 활성화가 큰 성과를 거두듯이 개인에 있어서도 지식의 B2B는 큰 효과를 거둘 수 있다. 아울러 이것은 타인에 의해 자신을 전문인으로 확장시키는 효과를 낳는다. 그런 점에서 자신의 지식을 적극적으로 홍보할 필요가 있다.

틈새 전문시장을 공략하라

더욱 진보한 전문가가 되고자 한다면 틈새를 적극적으로 공략할 필요가 있다. 예컨대 텔레비전을 만드는 직업에 종사하고 있다면 제조물의 기술을 응용해 인터넷의 장점을 살린 더욱 진화된 쌍방향 TV나 인공지능 TV를 생각해 볼 수 있을 것이다. 전문가가 되려면 이런 '상상'을 실천에 옮기는 도전정신이 필요하다.

자기 브랜드 관리

기업마다 고유의 브랜드를 가지고 있고, 이의 가치를 높이려고 안간힘을 쓰고 있다. 그런데 브랜드는 기업에만 해당하는 게 아니다. 개인마다 제각기 고유의 컬러가 있고 스타일이 있다. 또 자신만의 가치관이 있고, 남이 따라오지 못하는 나름대로 장기와 기술이 있다. 개인의 브랜드화는 이러한 개인의 모든 자산을 하나의 브랜드로 묶어 그 가치를 높이는 작업이다.

톰 피터스에게서 배우는 자기 브랜드 프로젝트

세계적으로 유명한 석학 피터 드러커는 미국이 낳은 기업 경영의 아버지 격으로 불린다. 그런데 피터 드러커를 제치고 현대적 기업

경영의 창시자로 불리는 이가 있다. 바로 톰 피터스다. 그는 포스트모던 철학을 기업 경영에 접목시킨 사람이다. 톰 피터스는 "화이트칼라 시대에 직장인들이 무엇으로 거듭나야 하는가?"라는 질문을 우리에게 던진다. 그리고 이와 동시에 구체적으로 우리가 어떻게 변해가야 하고, 자기 자신을 어떻게 포장해야 하는가에 대한 해법을 제시하고 있다. 이것이 「Brand You, Wow Project」라는 책에서 그가 소개하고 있는 개인의 브랜드화에 대한 이야기이다.

그는 "내 이름은 브랜드다."라는 슬로건을 우리에게 던지고 있다. 변화가 잦은 시대에서 살아남으려면 독립적으로 생각하고 행동할 필요가 있으며, 실제로 개개인이 독립된 계약자로서 현시대를 살아가고 있다고 지적한다. 그가 얘기하는 Brand You라고 하는 것은 바로 이 '독립적 계약자' 에 해당한다고 할 수 있다. 그는 이처럼 독립된 개개인이 스스로 자신의 삶을 책임진다는 자세로 자신의 능력을 끊임없이 개발하고 발전시킬 필요가 있는데, 이것이 '브랜드 유' 이며, 브랜드 유를 기억에 남을 만한 것으로 발전시키는 것을 'Wow Project' 라고 명명하고 있다. 즉, Wow! 라는 감탄사가 터져 나올 정도로 자신을 재창조하고 판매하며, 실행시키고 파괴할 필요가 있다는 것이다.

새겨둘 것은, 많은 직장인이 자신의 일이 지루하다고 판단하는 것에 제동을 걸고 있다는 점이다. 그는 많은 이들이 자신의 일에 갇혀서 일을 즐기지 못하고 있다고 지적한다. 누구나 남다른 존재가 될 수 있고, 멋있는 인생을 꾸릴 수 있다는 믿음을 가지고 있으면 성공적으로 자기 브랜드화를 이룰 수 있음에도 애당초 자신을 틀 속에 집어넣어 자기 브랜드화를 이루지 못한다는 것이다.

많은 이들이 "때가 늦었다.", "나이가 들었다."라고 자포자기하며 남은 인생에 안주하려는 경향을 보인다. 그러나 마음가짐을 어떻게 먹느냐에 따라 인생은 어느 때고 발전적으로 전환될 수 있다. 브랜드를 관리하는 데는 여러 가지 방법이 있을 수 있다. 톰 피터스가 제시한 것처럼 브랜드 가치를 높이는 50여 가지 테크닉을 터득해 관리해 나갈 수도 있을 것이고, 남다른 열정과 애정, 도전정신, 성실성으로 자신의 몸값을 높여 나갈 수도 있을 것이다. 중요한 것은 톰 피터스의 말처럼 변화를 일으킬 수 있는 진원지는 바로 자신의 내부이며, 그것을 믿고 바로 '지금' 행동하라는 것이다. 스스로 변화를 관리하고 현재보다 더욱 가치 있는 미래를 충분히 개척할 수 있다고 확신한다면, 일류기업 못지않은 자신만의 브랜드를 구축할 수 있을 것이다.

56 프로페셔널의 조건

정상에 서 있는 것만으로 프로페셔널의 조건을 다 갖추었다고 말할 수 없다. 그것을 꾸준히 지키고 발전시키고자 '최선을 다하는 것'이 중요하다. 프로페셔널의 대명사로는 동원시스템즈의 서두칠 부회장을 빼놓을 수 없다. 그는 위기상황에 직면한 한국전기초자의 대표이사로 막 부임해서는 직원들에게 "살가죽이 벗겨지는 아픔으로 혁신을 꾀하라."고 말했다. 그는 어떤 상황에서도 결코 포기하는 법이 없다. 하고자 하면 결코 이루지 못할 일이 없다는 것이 그의 신념이다. 이런 소신은 그의 성공 비결이기도 하다. 이런 명성 때문인지 그가 이스텔시스템즈동원시스템즈의 전신에 부임한다는 소식만으로도 주가가 이틀 동안 27.1%나 뛰어올라 투자가들을 놀라게 하기도 했다. 그렇다면 그가 가진 프로정신은 무엇일까?

"마라톤이 끝난 후 운동장을 한 바퀴 더 도는 선수는 비난받아 마
땅하다. 최선을 다했다면 쓰러져야 한다."

흔히들 '최선을 다했다.' 면서 포기를 선언하곤 하는데, 그의 지
론대로라면 이런 사람들은 부끄러운 프로가 된다. 진정한 최선이
란, 끝이 보일 때까지가 아니라, 보이지 않을 때까지의 최선을 이야
기하는 것이기 때문이다.

집중하라, 언제나 원칙을 중시하라

또 하나의 프로페셔널의 사례로 일본의 무사도 정신을 들 수 있
다. 사무라이는 아침에 일어날 때마다 '오늘 죽는다.' 는 각오로 임
한다고 한다. 오늘 죽을 수 있다고 생각하니 매사에 정도를 지키게
되고 무사도 정신에 금이 갈 행동을 피하게 된다. 또 몸가짐을 깨끗
이 해 언제 죽더라도 추한 모습을 보이지 않으려 한다. 사무라이들
이 몸과 마음을 깨끗이 하며 무사도 정신을 생명과도 같이 여기는
이유는 여기에 있다. '짧고 굵게' 사무라이의 인생관은 이 한마디
로 요약된다. 비굴하게 오래 살기보다는 깨끗하고 짧게 살겠다는
것이 그들의 무사도 정신이다.
'이기면 된다.' 라는 혼탁한 경쟁이 난무한 시대에서 이런 사무라
이의 정신은 훌륭한 가르침을 준다. 이런 점에서 그들은 진정한 프

로가 무엇인지를 보여준다. 아울러 정상에 있는 것만이 승자가 되고 프로가 되는 것이 아님을 일깨워준다. 어떠한 상황에서도 원칙을 중시하며 목표에 집중하는 것, 그리고 오늘 죽을 각오로 온 힘을 다하는 것. 이것이 프로페셔널이 되고자 하는 이들에게, 또 시대를 선도해 나가고자 하는 이들에게 꼭 필요한 덕목이라고 말하고 싶다.

프로페셔널의 필수조건 '열정'

열정의 중요성은 말로 이루 다 표현할 수 없을 것이다. 열정 하나만으로 역사를 바꾼 위인들의 사례가 이를 증명하고 있다. 열정이 왜 중요한가? 그것은 열정만으로 모든 것을 해결할 수 있기 때문이다. 성실과 넘치는 의욕, 해내고야 말겠다는 프로의 자세, 친절, 책임감, 위기를 바라보는 인식 등등 모든 것들이 열정 하나면 해결될 수 있다. 그러므로 다 버리더라도, 이것 하나만큼은 절대로 놓쳐서는 안 된다.

열정은 인간이 가지고 있는 능력 가운데 가장 돋보이는 것이다. 모든 활동의 원천이 바로 열정에 있다. 열정이 넘치는 사람들을 보라. 그들이 그렇지 않은 사람과 무엇이 다른가? 다를 것이 없다고? 그렇지 않다. 모든 것이 다르다. 의지가 다르고 인체에서 빛나는 형광이 다르며, 반드시 해내고야 말겠다는 책임감이 다르다. 이들은 모든 것에 자발적이며 할 수 있다는 스스로의 믿음으로 똘똘 뭉

처 있다.

열정이 없는 사람과는 단 1초도 같이 있지 마라. 이것은 성공과 실패를 처음부터 결정짓는 일이기도 하다. 열정이 없다는 것은, 애정이 없다는 것이다. 애정이 없는 상태에서 어떤 일의 완성도가 100%에 도달하는 법은 없다. 분명히 60~70%에서 그치고 만다. 나머지는 고스란히 조직 모두의 손실이 된다. 열정이 없는 이는 다른 사람과 조직에도 해가 된다는 얘기다.

열정을 한마디로 정의하자면 '주어진 삶에 최선을 다하고자 하는 욕구'다. 열정이 없는 이는 삶도 칙칙하고 활력적이지 못하며 탄력적이지 못하다. 열정은 바로 '살고자 하는 욕구'다. 이것은 본능적이다. 이런 본능적인 욕구가 뒤떨어져 있다는 것은, 기본적으로 충전되어 있어야 할 에너지가 부족하다는 것과 같다.

공병호 박사가 아들 현수 군에게 적은 글이다. 무슨 일이든 열정을 가지고, 늘 최선을 다해서 살라는 아버지의 엄한 훈계가 숨겨져 있다. 우수한 기업에는 열정이 숨겨져 있다. 유능한 인재에게도 그런 열정이 있다. 열정이 있는 우수한 기업과 유능한 인재는 무엇이 다른가? 일을 신나게 하며, 목표에 몰두하고, 뭔가 특별한 가치를 창조하려는 강렬한 목적의식이 있다. 그것은 살아있는 활동이다.

열정이 죽어 있는 사람은 심하게 표현하면 시체와 다를 바 없다. 육체는 살아있는 기운氣의 덩어리다. 노쇠한 기운에서 무엇을 기대할 수 있겠는가.

열정은 나머지 1%다

능력 있고 학벌 좋고 주어진 업무 처리도 합리적으로 잘 처리하는 인재가 유능한 인재인가? 그렇지 않다. 이들의 합리성에는 '보상받는 급여의 대가만큼' 이라는 전제가 붙어 있다. 이보다는 최선을 다해서 더욱 완벽하게 업무를 처리하려는 자세를 갖춘 직원이 유능한 인재다. 후자의 인재는 현재 가치가 전자의 인재보다 못하더라도 미래 가치는 더할 나위 없이 크다. 조직이 발전해야 하듯, 인재도 꾸준히 발전해야 한다. 항상 '그만큼' , '대가만큼' 을 고집하는 인재는 자신의 힘을 필요 이상 소진시키지 않는다는 점에서 프로의 자세가 부족하다. 이것은 열정의 부족에서 비롯되는 것이다.

최선이란 나머지 1%까지 소진하는 것이다. 열정은 바로 이 1%인 것이고, 그런 인재가 바로 프로다.

나를 완전연소 시켜라

새벽 4시에 일어나 하루를 준비하는 이들이 있다. 366일을 산다는 사람도 있고, 25시의 하루를 사는 이들도 있다. 10분의 여유도 없을 만큼 시간을 쪼개고 쪼개 '빠듯한' 일상을 살아가는 이들은 아름답다. 그래서 최선을 다하는 삶은, 그것이 비단 목표에 이르지 못했더라도 후회가 남지 않는다. 구조조정과 명퇴가 일반화되면서 직장인들의 자기계발 열기가 피부에 와 닿을 정도로 뜨겁게 달아올랐다. 아침형 인간이 아니더라도 사실 직장인들은 스스로 생존을 위해 하루 24시간이 모자란 일상을 보내고 있다. 이른 아침, 어학원을 거쳐 회사에 출근하고, 간단한 점심 후에는 헬스나 독서 등으로 자신을 단련하며, 퇴근 후에는 각종 세미나나 포럼에 참가해 자기계발을 하는 이들이 둘러보면 참 많다. 누구나 성공하

고 싶어 하고, 스스로 최선을 다짐하며 목표를 향해 내달린다. 바보
가 아닌 이상, 자신을 내버려두는 사람은 없다.

발전을 추구하려고 하는 것은 인간의 본성이다. 하지만, 조금씩
앞으로 나아간다는 것만으로 최선을 다했다고 말할 수는 없다. 게
다가 늘 목표에 다다를 수 있는 것도 아니다. 또 목표에 다다랐다고
해서 승자가 되었다는 보장도 없다. 세상은 그 중 일부에게 승자라
는 이름을 붙여줄 뿐이다. 주어진 삶에, 일상에 최선을 다하는 모습
은 아름답다. 어려운 현실을 극복하고 밝은 미래를 만들겠다는 의
지가 없다면, 인간은 금세 타락의 늪으로 빠져들 것이다. 현실을 개
선하겠다는 것은 그래서 아름답고 높이 평가받을 만하다. 하지만
이것만으로는 부족하다. 세상의 요구는 이보다 훨씬 높다.

최영환 전 한국과학문화재단 이사장의 말이다. 최선을 다한다는
것은 바로 이런 게 아닌가 싶다. 자신을 완전히 연소시키는 것. 스
스로 역량과 기운, 에너지가 완전히 타버릴 때까지 목표에 몰입하
는 것. 그러니까 할당된 목표를 위해서가 아니라, 그 이상을 위해서
장인匠人과 같은 혼을 불어넣는 것. 최선이란 이런 것을 일컫는 말
일 것이다. 통상 쇠를 녹이는 용광로 온도는 1,300도 이상이 된다.

이 정도가 되면 쇳물이 쇠를 녹일 수 있다. 제아무리 강하게 연마된 쇳덩이도 다른 쇳덩이를 산산조각 내거나 으깨지는 못한다. 하지만 완전연소 된 뜨겁게 녹은 쇳물은 가능하다. 우리에게 필요한 완전연소도 바로 이런 것이다.

사업가는 철저하고 치밀한 계산을 좋아한다. 성공한 사람들일수록 두뇌를 치밀하게 회전시킨다. 성공을 위해서는 누수되는 것과 어정쩡한 것들을 경계해야 한다. 시간의 활용도 그러하다. 대충 흘려보내는 시간이 있어서는 안 된다. 일상의 모든 것을 완전히 연소시키지 않으면, 자신의 인생이 물거품처럼 연소할 수 있다는 긴장감을 느껴야 한다. 이것은 최선으로 가기 위한 기본조건이다. 이 조건을 충실히 이행해도 인생의 성공은 보장받을 수 없다. 그래서 최선에 최선을 강조하는 완전연소가 필요한 것이다.

58 마지막 땀 한 방울의 교훈

"템플턴은 어린 시절부터 사람들을 유심히 관찰했다. 그들이 살아가는 모습을 지켜보며, 그들을 연구했고, 그들이 어떻게 그런 일을 해냈는가에 대해 답을 구하려고 했다. 그리고 무엇이 그들을 행복하게 만들고, 성공할 수 있게 했는지를 찾아내고자 했다."

세계적인 투자가 존 템플턴의 성공을 향한 노력은 어려서부터 남달랐던 것 같다. 성공한 사람들을 꾸준히 분석해 그들을 닮아가려고 했고, 성공과 실패의 차이가 무엇인지를 알아내려고 부단히 노력한 것을 그의 삶이 말하고 있다. 템플턴은 급기야 성공한 사람들이 가진 '차이'에 대해 알게 되었는데 그것은 그들이 '조금 더 노력한다.'는 아주 간단한 것이었다. 하지만 템플턴은 이 간단한 진리를 남다르게 받아들였다. 템플턴은 이 간단한 진리가 특정 분야에 국한된 것이 아니라 모든 분야에 적용되는 가치임을 확인했다. 그리고는 '마지막 땀 한 방울의 교훈' 이라고 명명했다.

대중들은 늘 성공한 이들을 동경하고 부러워한다. 그리고 그들의 '성공방법' 을 탐색하려고 많은 공을 들인다. 그들의 강연을 듣고, 책에서 힌트를 얻고, TV와 잡지를 구독하며 그들의 성공 기술을 벤치마킹한다. 그러나 어떤 정보를 접하든, 심지어 그들의 입을 통해 성공 배경을 청취하고서도 그다지 만족스러운 표정을 짓지 않는다. 왜냐하면 성공자들이 들려주는 이야기란 기실 우리가 이미 아는 그저 그렇고 일반적인 것들이기 때문이다. 비싼 돈 들여 강연을 들었는데 고작 듣게 된 말이 '주어진 삶에 충실하라.', '성실하게 살아라.', '땀 한 방울을 더 흘려라.', '기본에 충실하라.' 와 같은 것이니 진정한 성공방법은 알려주지 않는다며 실망하는 것이다.

성공자들의 성공 원칙은 사실 특별한 게 없다. 하지만 '땀 한 방울 더 흘려라.' 라는 말에서 깨달음을 얻고 그것을 믿으며, 실제로 실천하는 사람은 특별하다. 성공을 이루려면 먼저 템플턴과 같이 평범한 것에서 진리를 발견하는 혜안을 가져야 한다. 그리고 그것이 진정 성공으로 가는 길임을 믿고 실천해 나가야 한다.

"더 열심히 일하면 더 훌륭한 결과를 얻는다. 1그램이라도 더 많은 양의 땀을 흘린 사람은 그렇지 않은 사람보다 몇 배 더 많은 보상을 받을 수 있다."

열심히 일하면 좋은 결과를 얻을 수 있다는 것은 누구나 다 안다. 하지만 이를 제대로 실천하는 사람은 극히 드물다. 심지어 "이제 그런 시대는 지났어. 부자가 대물림되는 시대인데 노력만으로 성공할 수가 있겠어!"라고 말하기까지 한다. 하지만, 나는 이런 사람들에게 되묻고 싶다. "그럼 어떻게 할 건데?"

물을 주전자에 담아 계속해서 끓이면 액체상태의 물이 어느 순간부터 말라서 날아가는 것을 볼 수 있다. 액체상태의 물이 기체로 변하기 때문인데, 재미있는 것은 액체의 물이 서서히 기체로 되는 것이 아니라 어느 순간에 비로소 기체가 된다는 것이다. 99%까지는 액체였지만 1%가 더해져 100%가 되는 순간 기체가 되는 것이다. 템플턴의 '마지막 땀 한 방울의 교훈'은 이 마지막 1%에 대한 이야기이기도 하다. 인간은 자신이 하던 일이 어느 정도 만족할 만한 수준에 도달하면 본능적으로 하던 것을 중단하고 다른 일을 찾으려고 한다. 만족한 상태에서 더 집중적으로 노력을 기울이는 것보다 다른 일을 통해 기회의 효용을 찾는 것이 낫다고 생각하는 것이다. 하지만, 이 정도의 만족 수준으로는 높은 경지에 이를 수 없다. 모두가 그 정도의 만족에 그칠 것이므로 특별히 나을 게 없다. 우리가 이른바 장인이라고 부르는 사람들은 이 평범한 만족의 구간에서 좀 더 나아간 사람들이다. 1% 더 정진해 100%를 꽉 채우거나 더 나아가는 것이다.

1%는 아주 작은 차이지만 이처럼 엄청난 차이를 낳는다. "작은

땀방울을 하나 더한 것이지만 그 결과는 몇 천 배의 값진 보상으로 되돌아온다.”는 템플턴의 생각과 실천은 그런 점에서 지극히 평범하지만 비범한 것이라고 할 수 있다. 성공하고 싶다면, 작은 땀방울이 모여 큰 땀방울이 되고 성공이 된다는 평범한 진리를 가슴에 새겨 넣어야 한다.

59

내 안에 기업가를 세우자!

기업가정신Enterprenurship이라는 화두가 수시로 강조되고 있다. 그만큼 우리에게 기업가와 같은 근성과 정신이 부족하다는 얘기일 것이다. 그런데 한 가지 궁금한 것이 있다. 왜 경영자정신이 아닌 기업가정신이 필요하다고 강조하는 것일까? 경영학 차원에서 보면 기업가는 경영자보다도 더 많은 특성이 있는 것으로 분류된다. 우선 기업가적 특성을 살펴보자.

기업가 정신의 6가지 특성

1. 책임감 Desire for responsibility

2. 위험감수 Preference for moderate risk

3. 높은 자긍심 Confidence in personal success

4. 즉각적 반응 Desire for immediate feedback

5. 열정 High level of energy

6. 미래 지향적 의식 Future orientation

일반적으로 기업가는 시장을 폭넓게 바라보고 그 가운데서 기회를 발견하여 이를 사업화 한다는 점에서 기업가의 생각을 읽어 계획을 실행하는 경영자보다 다차원의 정신이 있다고 볼 수 있다. 직장인들에게 이런 기업가적 정신이 강조되는 것은, 두말할 나위 없이 그것이 갖는 가치가 매우 크기 때문이다. 무엇보다 목표에 대한 애착과 열정이 뛰어나고, 인내와 자기통제력이 강하며, 위험을 감수하면서도 반드시 결과를 이루고 말겠다는 강한 의지가 있다. 여기에 변화에 대한 뛰어난 적응력으로 주어진 상황을 선도할 줄 아는 높은 대응력을 가지고 있다. 좀 더 구체적으로 열거해 보면 이렇다. 시간관리 능력, 열의, 포기하지 않는 근성, 창의성, 성실성, 지휘능력, 자신감, 계획성, 신속성, 성취욕구, 목표관리, 모험심, 유머감각, 자유로운 구상능력, 미래전망 능력, 긍정의 마인드, 위기관리 능력…. 그야말로 성공으로 가는 함수들이 모두 내포돼 있다. 기업가를 따르고 본받는 것만으로도 성공에 진일보할 수 있다는 것을 미루어 짐작할 수 있다.

기업가들은 특히 현실의 제약을 무릅쓰면서도 포착한 기회를 절대로 놓지 않는 근성을 가지고 있다. 비즈니스 현장에서 많은 직장인이 코앞에 닥친 약간의 위기에도 쉽게 좌절해 포기하는 것과는 크게 대조적이다. 성공자들이 일에 대한 남다른 의욕과 열정, 집착, 강인한 몰입의 소유자라는 것은 이미 검증된 이야기다. 이미 그들은 성공으로 가려고, 또 조직이 미래를 적극적으로 선도하고 개척하려고 어떤 항목들이 필요한지를 일목요연하게 설명해 주었다. 기업가정신은 주인의식의 구체적 개념이라고 할 수 있다. 위에 나열된 기업가들의 생각과 행동 특성들은 주체의식으로 맞닥뜨린 상황에 적극적이고 능동적으로 대처하고 대비하는 주인의식을 밑단에 깔고 있다.

주인의식의 반대말은 하인의식이다. 기업가 정신의 반대말은 종업원 정신이다. 누구든 하인과 종업원 정신의 소유자이길 원하는 사람은 없다. 스스로 주어진 삶과 인생을 적극적으로 개척하고 선도해 나가기를 원한다. 그러나 주인의식과 기업가 정신으로 무장하려는 노력은 게을리한다. 말뿐만이 아니라 행동으로 내가 회사의 주인이고 기업가라는 인식으로 무장해야 한다. 공생共生이라는 것은, 이렇듯 모두가 올바른 하나의 마음가짐과 행동양식으로 무장되었을 때 비로소 현실로 다가서는 것이다. 내 안에 기업가를 세우자. 그러면 내 인생과 회사가 달라진다. 미루지도 말자. 지금 당장 실천하자. 그만큼 성공에 가까워질 수 있다.

60

기(氣)를 활성화시키는 호흡법을 찾아라

직원에는 두 가지 유형이 있다. 열정이 넘치는 직원과 그렇지 않은 직원. 열정은 사전적인 의미로 '어떤 일에 열중하는 마음', '불타오르는 세찬 감정'이다. 하지만 열정은 저절로 생기지 않는다. 열중하려는 마음, 세찬 감정을 불러내야 한다. '활동의 근원이 되는 힘'인 기氣가 필요한 이유가 여기에 있다. 사람은 호흡만 잘해도 어느 정도 기본적인 건강을 유지할 수 있다. 국선도 등 기氣 수련을 하는 곳에서 가장 먼저 접근하는 것도 호흡법이다. 예컨대 들이마시는 호흡은 짧게 하고 내쉬는 호흡을 길게 해 몸속의 나쁜 기운을 내뱉는 방식 등이 그것이다. 80세가 넘은 고령의 나이에 에베레스트와 킬리만자로를 무산소 등정한 박희선 옹도 생활참선에서 터득한 이 같은 호흡법을 실천한 사람이다.

건강호흡의 기본은 몸속 기운이 골고루 퍼지게 하는 것이다. 기운이 몸 전체에 퍼지면, 생동감이 넘치고 활력 있는 삶을 유지할 수 있다. 흔히들 '기운이 넘친다.'라는 표현을 쓰는데, 이 역시 몸속 기운이 활성화 상태라는 것이므로 '의욕이 넘친다.'라고 달리 해석할 수 있을 것이다. 이런 사람들은 표정에서부터 생기가 넘치고 매사에 의욕이 넘친다. 기氣가 빠져나가면 인간이 수명을 다하는 것처럼, 기운은 넘칠수록 좋다. 경영자들이 직원들에게 기氣를 불어넣는 다양한 시도를 하는 것도 이런 맥락에서 이해할 수 있다. 그러니까 기운은 업무 의욕과 생산성, 나아가 매출과 직결되는 문제이다.

기업의 氣를 확장시켜라

새 사업연도를 맞을 때마다 기업들은 으레 직원들 기氣 살리기부터 나선다. '정시에 퇴근하기', '상사가 부정적이거나 비평적인 이야기를 할 때 벌금물기', '전 직원이 자기선언서 작성하기' 등 아이디어도 갖가지다. 모두 활력적인 분위기를 만들고, 이를 통해 업무 의욕을 극대화하자는 취지를 갖고 있다. 어떤 것이든, 모두 기氣와 관련이 있다.

인간이 동기부여를 받는 방식은 사람마다 다르다. 어떤 이는 부의 축적에 의해 삶의 활력을 얻기도 하고, 어떤 이는 건강과 가정의 행복에 가치를 두어 이것이 충족됐을 때 기운이 넘친다. 또 여행이나 스포츠 등 평소 자신이 좋아하는 일을 할 때 생동감이 넘치고 동기부여를 받기도 한다. 어떤 경우든 자신에게 도움이 되는 쪽이면, 활력 넘치는 기운이 생성된다.

‘직원의 기를 살려라.’ 이것은 현대 기업경영에서 이제 교과서 같은 이야기가 되었다. 작업지시서 상에 기재된 업무만을 처리하기 원하는 직장인은 이제 없다. 어떤 경우든, 본인의 역량을 최대한 살려 능력을 평가받고 싶어 한다. 사실 직장인이라면 누구나 이런 기본적인 의욕기운을 갖고 있다. 문제는 이것을 어떻게 더 ‘확장’ 시켜 주는가이다. 이것은 경영자의 몫인 동시에 당사자의 몫이기도 하다.

그런데 이런 동기부여氣를 유발시키는 행동는 순수해야 한다. 인간은 순수한 본성을 가지고 있다. 만약 당장의 성과를 기대해 반짝성 이벤트로 동기유발 효과를 노리거나 氣의 팽창을 바란다면, 직원들의 기운은 곧 쇠퇴할 것이다. 살맛나는 일터, 의욕 넘치는 직장, 열정적인 분위기 조성을 위한 장기적인 관점의 프로그램이 필요한 이유가 여기에 있다. 직원으로서도 소극적이고 배타적인 태도는 위험하다. 이는 자칫 열정 넘치는 주변 동료의 기운까지 빼앗을 수 있다. 옆 동료가 아침부터 인상을 찌푸리고 앉아 있다고 생각해 보자. 팀 전체의 분위기는 곧 가라앉을 것이다. 근육과 혈액을 따라 기운이 팽창되어야 몸 전체가 건강해지는 것처럼, 조직의 생리도 이와 같다. 좋은 기운은 활성화시키되, 악성기운惡氣은 차단하는 노력을 병행해야 한다. 그러려면 모두의 참여와 노력이 필요하다.

　좋은 기운과 악한 기운은 우리가 얼마나 건강한 생각과 행동을 하는가에 따라 가려진다. 먼저 이것을 가려내어야 한다. 기氣를 열정과 생산성으로 연결하는 것은 그 다음이다. 이를 위해서는 기업 내부의 근육과 혈액에 좋은 기氣가 흐를 수 있는 나름의 호흡법을 임직원 전체가 수련해야 한다. 만약에 이를 시스템화 할 수 있다면 금상첨화일 것이다.

61

챔피언이 알아야 할 비즈니스 테크닉

우리는 '인생'이라는 테마의 큰 게임을 하는 중이다. 이 게임은 정해진 규칙은 없지만 사회적 기준과 가치관 내에서 '다른 인생'과 상호 경쟁하며 승자를 가린다. 따라서 자신만의 독특한 성공 비법이나 테크닉을 가지고 있어야 한다. 당신은 어떠한가? 사회와 조직에서 챔피언이 되기 위한 나름의 기술과 테크닉을 가지고 있는가?

페어플레이어가 돼라

어떠한 경기를 할 때 페어플레이를 중시하는 이유가 있다. 무조건 이기는 것보다 정확하게 규칙을 지키며 신사적인 매너를 유지하여 자신의 기량을 드러낸 플레이어가 돋보여야 하기 때문이다. 경쟁이 치열한 많은 비즈니스 환경에서 사람들은 저마다 '승자'가 되려고 몸부림을 친다. 하지만 부당한 승자보다는 정당한 패자가 낫다. 프로란, 언제나 신사적인 방식으로 정해진 룰 안에서 최고의 기량을 발휘하는 인물에게만 지칭되는 것이다. 프로축구 선수가 아마추어 선수와 다른 것도 이리저리 공만 쫓아 분주하기만 한 것이 아니라 상대방이 넘어졌을 때 손을 내밀 줄 알고, 건강한 정신과 육체로 경기에 임하며, 올바른 승부욕으로 무장하고 있기 때문이다. 아울러 할 수 없는 일도 할 수 있다 I can do it 는 자신감이 있기 때문이다. 이를 비즈니스의 세계에 빗대면 어떠한가? 남들이 갖고 있지 않은 지식과 비즈니스 마인드로 무장해 최고의 제품을 만들고, 늘 깨어 있어서 자신을 갈고 닦는 데 게을리 하지 않는 것, 이것이 챔피언이 되기 이전에 지녀야 할 자세가 아닐까.

신용을 소중히 여겨라

비즈니스 세계에서는 신용만큼 중요한 것도 없다. 신용 하나로 조선 말기 거상巨商이 된 임상옥의 이야기처럼 신용은 아무리 강조해도 지나치지 않는다. 신용이란 상대방으로 하여금 '믿을 수 있는 존재인가, 그렇지 않은가?'를 판단하게 하는 중요한 잣대다. 따라서 사소한 약속 하나라도 고객과의 관계에서는 절대로 놓치면 안 된다. 물건을 팔기 이전에 상대방에게 믿음을 심어주는 것, 이것이 신용의 첫 걸음이라는 것을 명심해야 한다. 상대방을 내 편으로 만들고 신용을 지키려면 사소한 고객의 말 한마디라도 절대 소홀히 여기지 않는 자세가 필요하다. 아울러 고객과 대면했을 때 절대 말을 많이 하지 않아야 한다. 많은 우수한 영업 인재들이 한결같이 자신의 말 수를 줄이고 고객의 말을 많이 듣는다는 것에 주목할 필요가 있다. 고객 앞에서는 그들의 아픔까지도 들어주어라. 이것이 영업의 제1원칙이며, 성공의 비결이기도 하다.

정상에서 '변하지 마라'

많은 이들이 정상에 오르려고 부단한 노력을 한다. 그리고 비로소 정상에 서서는 그간의 노고를 돌이켜 스스로 감회에 젖는다. 그러나 정작 조심해야 할 구간은 바로 여기이다. 인간은 만족하는 순간, 성장을 멈추는 특성이 있다. 그러나 사실 성장은 계속되어야 한다. 정상에 오르는 것이 궁극적인 목표가 되어서는 안 된다. 계속해서 변하지 않으면 어렵게 오른 정상에서 점점 멀어질 수 있다는 것을 간과해서는 안 된다. 그리고 변해서는 안 되는 것이 있다. 바로 마음가짐이다. 성공한 인물 중 상당수는 정상에 오르고 나서 180도로 달라지고 만다. 극에 달한 자신감이 자만심이 되고 존경의 대상이 되면서 타인을 멸시하려는 경향을 보이며, 성공을 위해 부

단히 노력하던 땀방울을 더는 흘리려고 하지 않는다. 그러나 이러
한 순간부터 퇴락의 길을 걸을 수 있음을 잊어서는 안 된다.

62 경쟁력 높이는 인맥관리

인터넷이다 디지털이다 첨단장비다 해서 인맥관리에 필요한 다양한 솔루션과 제품들이 출시되었다. 삐삐에서 발달한 개인 휴대통신도 휴대전화의 기능이 다양해지면서 모바일 비즈니스가 크게 성황을 이루고 있고, PDA등 개인화 된 디지털 장비가 소비자들의 눈길을 사로잡고 있다. 그러나 이런 첨단장비가 있어야 인맥관리가 가능한 것은 아니다. 과거나 지금이나 인맥이란 결국 '사람'을 관리하는 데서 시작하는 것이므로, 이의 기본이 되는 신뢰가 먼저 선결되어야 한다. 그리고 보면 인맥관리란 신뢰의 문제이지 장비의 문제는 아니다.

인맥관리가 경쟁력의 원천

어느 날 모 조찬모임에서 재미있는 사업을 하는 사람을 만났다. 그가 건네준 명함에는 '커뮤니티'라는 글씨가 크게 적혀 있었다. 그러나 명함만으로는 제품이나 서비스가 뭔지 도무지 알아차릴 수 없었다. 그래서 취급하는 제품이 뭐냐고 묻지 않을 수 없었는데, "커뮤니티가 제품이고 서비스"라는 같은 대답만 들려왔다. 더욱 궁금해져서 도무지 커뮤니티로 무슨 사업을 하느냐고 되물었는데, 대답을 듣고는 놀라지 않을 수 없었다. 왜냐하면 제품이나 서비스는 전혀 없고 단지 인맥관리 하나만으로 1인 사업가로 미래를 개척해 나가고 있었기 때문이다. 사실 인터넷이 성황을 이룰 즈음 인터넷 사업자들은 마구잡이로 네티즌들을 끌어 모으느라 혈안이 돼 있었고, 무조건 사람만 많으면 성공할 수 있다는 확신에 차 있었다. 그러나 시간이 흐르면서 "회원 수가 많다고 매출이 덩달아 늘어나는 것은 아니다."라는 것이 확인되면서 무조건 회원을 모집하는 풍토는 상당 부분 사라졌다. 그런데 테헤란밸리 한복판에서 만난 그는 당당하게 '커뮤니티가 비즈니스'라고 말한 것이다.

이 커뮤니티 사업자는 관리하는 인맥이 약 4만여 명 정도라고 했다. 이곳저곳에서 커뮤니티를 운영하면서 회원들에게 다양한 강좌와 세미나 정보들을 제공하는데, 커뮤니티이긴 해도 전문 교육기관이 혀를 내두를 정도의 강사와 내용으로 회원들을 만족하게 하고

있었다. 다양한 산업에 종사하는 직장인들은 자기계발 차원에서 소
정의 비용을 내고 이런 강좌에 참석해 알찬 지식과 정보를 얻고 여
러 사람을 만날 기회까지 생기기 때문에 크게 반기는 분위기였다.
그런데 이런 세미나들이 한 달에 서너 번씩, 연간 50회 가량 이루어
진다니 더욱 놀랄 일이다. 전문 교육기관도 전혀 다른 강좌를 한 달
에 서너 개씩 기획하기가 매우 어려운 일이다. 게다가 그가 세미나
를 개최하는 날은 몇 십 명에서 몇 백 명에 이르는 참석자들에게 자
사 제품을 홍보하려는 업체들도 달려든다. 혼자서 관리한 인맥 하
나로 시너지를 유발하는 고수익 비즈니스를 벌이는 것이다.

내 편을 만들기보다 상대방 편이 돼라

그렇다면 이 커뮤니티 사업자는 어떻게 수만 명의 사람을 관리할
수 있을까? 필자가 찾아낸 첫 번째는 신뢰다. 그는 명함을 한번 받
으면 곧 자신의 인맥관리 DB에 입력한다. 이 DB란 다름 아닌 우리
가 통상적으로 사용하는 MS오피스 제품의 Microsoft Outlook이다.
이렇게 한번 입력된 명함은 개인, 비즈니스, 친목, 영업 등 영역별로
분류되고, 연락처 정보만으로 주고받은 메일과 진행 중인 업무 그
리고 통화기록 등을 한 번에 볼 수 있도록 설정해서 관리한다. 디지
털 환경을 활용해 스스로 맞는 최적의 인맥지도를 만들어 관리하고
있는 것이다. 새겨둘 것은 이렇게 쌓인 인맥 자료를 그대로 두지 않

는다는 것이다. 확보된 정보를 통해 그는 수시로 안부인사와 자신의 소식을 알리는 메일을 보내 교감을 쌓는다. 상대방에게 도움이 될 세미나나 강연 정보 등을 제공하면서 신뢰를 쌓아가는 것이다.

두 번째는 관심이다. 인맥DB에는 생일이나 기념일, 소속, 기타 개인정보 등이 담겨 있는데, 그는 이를 메신저와 문자메시지 등과 연계시켜 관심을 표명하는 여러 가지 메시지를 제공한다. 많은 영업사원도 비슷한 방식으로 고객을 관리하지만 모든 고객을 대상으로 일괄적으로 발송하는 형태의 상투적인 메시지는 오히려 불만을 낳을 소지가 있다. 그는 분명한 목적이 있지만 상대방에게 도움이 되는 여러 가지 정보를 제공하면서 자신의 이미지를 상대방에게 각인시킨다. 이렇게 자연스럽게 친분이 쌓이게 되면 목적은 부차적인 것이 될 수 있다.

끝으로 열정이다. 필자가 아는 한 교육사업자는 어찌나 열정이 넘치는지 강사 한 사람을 섭외하려고 심지어 백통화도 넘게 전화한다. 그 대상이 강사든 교육생이든 관계없다. 사람을 수평적으로 대하되, 열정을 갖고 임하는 것이다. 어떤 업종의 제품이든 소비자는 사람이 될 수밖에 없다. 모든 영업의 종착지는 사람이다. 그리고 이를 구성하는 것은 첨단 영업장비가 아닌 신뢰와 열정이라는 사실이다. 그런 점에서 시장의 전문가들이 얘기하는 훌륭한 인맥지도를 만드는 기술 한 가지를 소개하면 이렇다. 그것은 '고객을 내 편으로 만들려고 하지 말고, 스스로 상대방의 편에 서라' 는 것이다.

63 성공 조언자를 두어라!

운동을 좋아하는가? 그렇다면 그것이 어떤 종목이든, 역동적인 경기 장면을 머릿속에 그려보자. 선수들이 거친 숨소리를 내면서 분주히 그라운드를 뛰어다니며 상대 선수와 힘겨운 싸움을 하고 있다. 무엇이 더 보이는가? 혹 숨이 하늘에 닿고 땀이 비오듯 흐르는 선수들의 모습 뒤로 시선을 고정한 채 선수들을 유심히 지켜보는 이가 있지 않은가. 어느 운동 경기든 선수들을 지도하고 가르치는 감독이 있다. 이들은 운동장에서 선수들과 함께 뛰고 그들의 자세와 역량을 평가하며 수시로 지침을 내린다. 이들의 목표는 오로지 자신의 선수가 훌륭한 기량으로 세계적인 스타가 되는 것뿐이다. 이것이 멘토의 정신이다. 흔히들 훌륭한 감독 밑에서 훌륭한 선수가 나온다고 하는데, 이것은 어느 분야에서나 그대로 통용된다. '조언자를 두어라. 그러면 성공이 그만큼 가까울 것이다.' 하는 진리가 통하는 것이다.

스타 뒤에만 매니저와 멘토들이 있는 것은 아니다. 성공한 사업가 뒤에 멘토가 있고, 빠른 승진을 거머쥐는 비즈니스맨 뒤에 멘토가 있으며, 기록적인 업적을 세우는 직장인들 뒤에 멘토가 있다. 멘토들은 멘티조언을 받는 사람들의 장점을 잘 살펴서 그것을 더욱 가치 있게 만든다. 이것은 멘티의 잠재력을 120% 이상으로 높이는 효과를 가져다준다.

멘토링은 일반화된 기업 내부 팀제의 기능을 강화시켜 주고 회사의 비전과 역량을 구성원들에게 골고루 전파시키는 역량의 산파 역할을 한다. 업무에 필요한 기술과 역량을 1:1의 상호작용을 통해 극대화하기 때문에 기업과 개인 모두에게 득이 되는 것이다. 사실 우리는 나름대로 조언자들을 갖고 있다. 부모님과 친구, 선배, 동료를 통해 수시로 조언과 도움을 받는다. 정해진 목표에 대한 전문적인 조언은 아니지만 우리는 이런 주변의 조언을 통해 용기를 얻고 열정을 내면화시킨다. 조언 그 하나만으로도 큰 힘을 받게 되는 것이다.

성공의 그림을 그리고 싶은가? 그렇다면 당장 나만의 조언자를 확보할 필요가 있다. 내 옆자리의 선후배나 상사 등 누구라도 좋다. 자신의 장점을 극대화해 줄 수 있다면 누구라도 좋다. 그러나 가능하면 업무 시너지를 높이고 수시로 만날 수 있도록 사내에서 멘토를 찾는 것이 좋을 것이다. 사내 멘토들은 기업 내부의 지식을 이전시키며 팀과 조직 전체의 역량을 배가시킨다. 또한 회사의 핵심 가치와 문화를 강화시키며 이에 걸맞은 인재를 양성시킨다. 오늘날 델타항공이나 유니온퍼시픽, 휴렛팩커드 등 글로벌 기업들이 멘토나 코치 같은 조언자들을 양성하는데 발 벗고 나서는 것도 이런 이유 때문이다.

사내 멘토들은 업무에 관해서만 조언과 지적을 해주는 것이 아니다. 그들은 인생에서도 훌륭한 선생님이 될 수 있다. 상황에 대처하는 방법과 비즈니스 관계에서의 처세 방법, 상황별로 중요한 것과 그렇지 않은 것들을 가려내는 데 있어 그들은 보석 같은 조언들을 내놓는다. 이 훌륭한 지식 조언들을 주워담는 것만으로도 성공에 훨씬 더 가까이 갈 수 있다.

긍정의 마인드를 심어라

여기 판단을 가름할 단어 하나가 있다.

'불가능'

당신은 이 단어를 어떻게 생각하는가? 그냥 불가능한 것으로 생각하는가? 아니면 도전할 가치가 있는 것으로 생각하는가? 어떤 이는 가능하지 않은 것이 불가능하다고 하고, 어떤 이는 가능하지 않은 것이기에 한번 해볼 만한 것이 불가능하다고 말한다. 당신은 어느 쪽인가? 도전과 패기, 열정, 젊음을 꾸준히 강조해온 스포츠 기업 나이키는 이에 대해 다음과 같이 외친다.

아디다스는 불가능에 대해 더욱 구체적인 카피를 내놓는다.

불가능, 그것은 나약한 사람들의 핑계에 불과하다.
불가능, 그것은 사실이 아니라, 하나의 의견일 뿐이다.
불가능, 그것은 영원한 것이 아니라, 일시적인 것이다.
불가능, 그것은 도전할 수 있는 가능성을 의미한다.
불가능, 그것은 사람들을 용기 있게 만들어 주는 것이다.
불가능, 그것은 아무것도 아니다.
Impossible is Nothing!

불가능하다는 것은 실체가 없다. 아디다스의 카피처럼 그것은 하나의 의견일 뿐이며, 아주 작은 가능성일 뿐이다. 또 그것은 우리의 마음속에 있는 허상에 지나지 않는다. 하지만 무섭게도 많은 사람들은 아직 현실로 다가오지 않은 이 마음속 허상에 자신의 발목을 내어준다. 그리고 스스로 불가능에 종속되어 버린다. 다시 카피를 보자. 휴렛패커드HP는 "Everything is possible" 모든 것은 가능하다는 카피를 내놓는다. 부정이 아닌 긍정의 마인드다. 그것도 아주 강한 긍정이다.

"성공은 긍정의 자세에서 비롯된다."

우리가 성공한 위인들에게서 발견할 수 있는 위대한 발견 중의 하나는 바로 이것이다. '긍정의 자세'. 이것은 정말이지 불가능을 가능한 것으로 만드는 묘한 힘이 있다. 놀라운 것은 성공자들은 이 같은 불가능과 부정의 기운을 긍정적인 것으로 스스로 바꾸어 나간다는 점이다. 그러니 스스로 발전적인 미래를 만들어 나가는 것이다.

사실 부정과 긍정은 우리가 사물을 어떻게 바라보느냐의 문제일 뿐이다.

Impossible

만약 이것을 '불가능'이라고 해석한다면 당신 속에는 부정적인 마인드가 자리 잡은 것이다. 성공자들은 이것을 다음과 같이 해석한다.

I'm possible.

이들은 아무렇지 않게 부정적인 것을 긍정적인 것으로 만들어 버린다. 간단히 점 하나를 찍어 넣음으로써 불가능과 가능의 차이가 별것 아니라는 것을 증명해 보인다. 이들은 이런 힘으로 계속해서 성공을 창출해 내는 것이다.

세계적인 투자가 템플턴은 작가 캔필드 몰리의 말을 인용해 '긍정적인 자세'가 삶을 얼마나 윤택하게 만드는지를 강조한다. 그리고 진정한 부자와 성공은 바로 여기에서부터 출발하는 것이라는 것을 몸소 보여줬다. 우리는 흔히 '풍요'를 이야기하면서 물질적 풍요만을 생각하는 경향이 있다. 이에 반해 정신적 풍요는 그저 마음을 편안하게 하고 정신수양을 쌓아 높은 마음의 진정상태를 이루는 것으로 생각하고 만다. 하지만 불가능과 가능의 차이점을 남다른 시각으로 바라보고 이를 통해 높은 사회적 성공을 거둔 성공자들의 성공 특성을 짚어보면, 높은 물질적 풍요는 높은 정신적 풍요와 삶을 바라보는 자세에서부터 비롯된다는 것을 알 수 있다.

오늘, 성공을 바라보는 나의 마음가짐은 어떠한지, 행여 마음의 수양은 뒤로 한 채 물질적 풍요만을 갈구하지는 않는지, 부정적인 시각은 없는지, 마음이 항상 올곧게 긍정적인 마인드로 무장되어 있는지 곰곰이 자기 자신을 한번 들여다보자. 그리고 마음으로부

터 올바른 성공의 자세를 견지하고 있는지 점검해 보자. 그리고 부
정의 마인드가 있다면 그곳에 긍정의 씨앗 한 알을 심어두도록 하
자. 건전하고 높은 수준의 사회적 성공을 달성하기 위해!

65 행복을 만드는 방법

행복은 사람에 따라서 다양한 것일 수 있다. 좋아하는 일을 하거나, 보람 있는 일을 하고 있을 때, 열정적으로 살아갈 때, 마음이 평안할 때, 부富를 창출할 때 등등 추구하는 사람에 따라 여러 가지 유형이 될 수 있다. 이러한 행복을 만드는 궁극적인 지향점을 '행복에 대한 성공'이라고 한다면, 행복을 만드는 데도 분명히 방법이 있을 것이다.

한 가지 중요한 점은, 우리가 부라는 풍요 또는 성공을 쟁취하려고 부단히 노력하지만, 풍요로운 삶이란 것은 삶을 좀 더 즐겁게 하는 요소일 뿐이지 궁극적으로 '행복이라는 성공의 기준'이 되지는 못한다는 것이다. 따라서 행복의 성공 기준은 정신적인 씨앗에서 찾는 것이 바람직하다.

이 행복의 성공 기준은 「The Seven Spiritual Laws of Success」란 책에서 그 해답을 찾을 수 있다. '성공을 부르는 일곱 가지 마음의 법칙' 으로 해석되는 이 책은 '성공을 부르는 마음의 법칙' 을 터득하면 무한한 부를 창출할 수 있다고 단언한다. 실제로 이 책은 삶을 좀 더 조화롭고 여유롭고 사랑스럽게 만드는 기능을 담고 있다. 이것은 우리가 어떠한 마음가짐을 갖느냐에 따라 행복의 주인공이 될지, 불행의 주인공이 될지 결정된다는 것과 일맥상통하는 이야기이다.

이 책은 순수 잠재력의 법칙The Law of Pure Potentiality, 줌의 법칙The Law of Giving, 업의 법칙The Law of Karma or Cause and Effect, 최소 노력의 법칙The Law of Least Effect, 의도와 욕망의 법칙The Law of Intention and Desire, 초탈의 법칙The Law of Detachment, 다르마의 법칙The Law of Dharma or Purpose in Life 등 구체적인 7가지 행복의 원칙을 제시한다. 그런데 이들 법칙은 모두 인체의 세포에 비유돼 설명되고 있다. 우리 몸 안의 세포 하나하나의 기능과 역할을 이해함으로써 인간 생활의 새로운 판단력과 지각력을 소개한다고 할 수 있다. 궁극적으로 자신을 통제하는 능력그것이 풍요든 돈이든 성공이든을 제시하고 있는데, 이러한 법칙들을 일상생활에 접목시킴으로써 행복에 대한 해답을 스스로 찾아가도록 하고 있다. 새겨 둘 것은 이처럼 행복을 주제로 그 해법을 제시하는 책들이 한결같이 '순리', '진리' 를 강조하고 있다는 점이다.

예컨대 돈을 많이 벌어 행복해지려고 한다면 남에게 돈을 주라고 하고, 타인에게 인정받고 따뜻한 정을 느끼고 싶다면 역시 남들에게 인정을 베풀고 정을 주라고 하는 것이다. 결국 처한 현상을 이기적인 마음에서 벗어나 긍정적으로 바라보고 생명체가 갖게 되는 현존적 실재를 인정할 때 행복에 도달할 수 있다는 다소 이상적인 해법을 제시하는 것이다.

하지만 보통 사람들이 이처럼 마음을 비우고 현실을 바라보기란 어려운 일이다. 따라서 행복이란 것을 만들어가려는 스스로의 노력이 필요할 것이다. 그것들은 예컨대 긍정과 부정 사이에 행복이 존재한다는 것을 이해하거나 긍정적으로 사고하는 법을 배운다거나 현실을 회피하기보다는 인정한다거나 열성을 갖고자 노력한다거나 이해와 용서의 마음을 넓힌다거나 하는 것들이 될 것이다.

행복한 가정의 12가지 법칙

1. 한꺼번에 화를 내지 않는다.
2. 집에 불이 나지 않는 한 절대로 소리를 지르지 않는다.
3. 만약 더 좋은 일을 생각할 수 없으면 자제력에 대한 연습을 다른 사람이 원하는 대로 한다.
4. 당신이 만약 자신이 훌륭하게 보이든지 혹은 배우자가 훌륭하게 보이든지 둘 중 하나를 선택해야 한다면 배우자가 훌륭하게 보

이는 쪽을 택한다.

5. 어떤 비판을 하려거든 사랑스러운 태도를 취한다.

6. 과거의 실수를 절대로 들춰내지 않는다.

7. 전 세계를 소홀히 할지언정 서로에게는 소홀히 하지 않는다.

8. 배우자에게 하루에 한 가지 이상의 칭찬을 한다.

9. 만날 때마다 반드시 애정 어린 환영을 표한다.

10. 화난 채로 잠자리에 들지 않는다.

11. 실수를 했을 때는 그것을 입 밖에 내지 말고 용서를 구한다.

12. 두 사람이 서로에게 필요하다는 사실을 기억한다.

출처 : 헬렌 보그의 저서 「하나님의 걸작품」

마음을 다스려라, 지나치면 禍가 된다

화는 다스릴수록 작아지고, 부풀릴수록 커지는 속성이 있다. 흔히 주변에서도 화를 다스리지 못해 낭패를 당하는 경우를 자주 목격하게 된다. 지나친 화는 상대방의 인격을 모독한다고도 했는데, 화를 다스리지 못하는 사람을 좋아할 사람은 없다.

화는 성낼수록 커지는 물건

천하제일의 장사로 소문난 헤라클레스가 좁은 길을 걷고 있는데 사과만한 물건 하나가 길을 막는 것을 보고 화를 내었다.

"천하장사인 헤라클레스가 가는 길을 방해하다니…."

헤라클레스는 화를 내면서 물건을 발로 걷어찼다. 그랬더니 이 물건이 수박만한 크기로 커져 버리는 것이었다. 헤라클레스는 이 물건이 자신을 놀린다며 더욱 크게 화를 내었다.

"이 작은 물건이 나를 놀려? 에잇!"

그러나 물건을 발로 뻥 걷어찬 헤라클레스는 다시 놀라고 말았다. 물건이 바위만큼 커져 버린 것이다.

"음, 천하의 헤라클레스를 이기려고? 어디 누가 이기나 해보자."

잔뜩 화가 난 헤라클레스는 스스로 분을 못 이겨 웃옷을 벗어 계속해서 물건을 걷어찼는데, 물건은 그때마다 크기가 두 배씩 불어났고, 급기야 산더미만큼 커져 버렸다. 헤라클레스가 땀으로 범벅이 되어 씩씩거리고 있을 즈음, 아테네 여신이 그의 앞에 나타났다. 여신은 산더미만한 물건에 노래를 불러주었는데, 신기하게도 물건은 순식간에 처음 사과만한 크기가 되었다. 그리고는 헤라클레스에게 다음과 같이 말했다.

"이 물건은 화를 낼수록 커지고, 조금만 참으면 작아진답니다. 바로 당신 마음속에 있는 화와 같아요."

마음속 화를 다스리는 법을 가르쳐주는 그리스 신화의 한 토막이다. 화를 다스려야 복을 받는다는 사실은 누구나 잘 알고 있다. 하지만 화를 다스릴 줄 아는 사람은 적은 것 같다.

사실 우리는 사회생활을 하면서, 대인관계나 가정에서 시한폭탄처럼 언제 터질지 모르는 화火를 언제나 가지고 다닌다. 이것은 잘 다스리면 작은 불씨인 채로 남아서 좋은 결과를 낳기도 하지만, 잘

못 다스리면 금방 화禍가 되어 돌아온다. 헤라클레스가 걷어찬 물건처럼 건드릴수록 기하급수적으로 그 크기가 불어나 상황을 더욱 악화시키는 것이다.

지나치면 오히려 禍가 돼

화를 내는 데도 상황과 대상에 따라 여러 종류가 있을 것이다. 예컨대 부모가 자녀에게 내는 화는 사랑에 기인하는 것이지만, 낯선 사람에게 내는 화는 자극적인 감정에 의한 폭발이라고 봐야 한다. 이 중 후자처럼 그 대상이 낯선 사람이 아니라면 화는 관심의 발로에서 이루어진 표현방식이라고 볼 수 있다. 남에게는 화가 치밀어도 함부로 말하지 않지만 자녀가 잘못할 때는 자주 화를 내게 되는 것도 그만큼 관심이 많기 때문이다. 만약 열이 올라오는 순간에 화를 내지 않는다면, 그것은 관심이 없거나, 애써 외면하고 싶거나, 화를 낼 줄 모르는 비정상적인 사람일 것이다.

그러나 자녀에게, 부모에게, 친구에게 또는 연인이나 직장동료 등 그 대상이 관심의 범위 이내에 있다 하더라도 그 정도를 넘어서면 부작용을 낳게 된다. 지나치면 분노가 되는 것이다.

반대로 무작정 화를 참는 것도 좋은 방법은 아니다. 화가 나고 분노가 치미는 상황에서 환하게 웃으며 기분 좋은 척하는 것은 오히려 위선이 된다. 억눌린 화는 또 거꾸로 스트레스가 될 수도 있고,

흔히 얘기하는 화병이 될 수도 있으므로 무조건 참기보다는 이를 효과적으로 표현하는 것이 좋다. 예컨대 '더는 화나게 하지 마!', '다시 화나게 하면 용서하지 않겠어!' 하고 경고를 하는 것도 좋은 방법이다. 그러나 절대 상대방의 감정을 건드리거나 모욕을 주는 폭언 등은 피해야 한다.

시대가 다변화되고 복잡해지면서 언제 어느 때 의견충돌을 빚고 화를 내게 될지 모르는 상황에서 살아가고 있다. 이러한 매 순간에 자신의 감정을 누그러뜨리며 상대방과 호흡을 맞추고 원만하게 입장을 정리한다는 것은 결코 쉬운 일이 아니다. 지혜로운 행동은 언제 어느 때라도 나를 화나게 하는 상황이 있을 수 있다는 것을 인정하고 이를 개방된 사고로 받아들이는 것이다. 그리고 화가 치밀었을 때 화를 냄으로 인해 어떠한 결과가 초래될 것인가를 예측해 보는 것이다. 대부분 화가 막 치밀어 오를 때는 본능적으로 화를 풀 대상물을 찾게 된다고 한다. 하지만 이러한 순간에 직면했을 때 화火가 화禍가 되지 않도록 마음을 다스릴 줄 알아야 한다. 당신이 평사원이 아니라 관리자 그리고 리더의 위치에 있을수록 더 그렇다.

67 성공과 행운

"**많은 사람이** 마치 동전 던지기 식의 운에 따라 성공이 이뤄진다고 생각합니다. 물론 우리가 하는 일들 가운데는 우연이라는 요소가 개입될 수가 있습니다. 가령 타이밍이 중요한 일들이 그렇습니다. 하지만 행운이란 우리가 열심히 일하고 성공을 준비하고 있을 때에만 찾아옵니다. 아무런 준비도 없이, 또 땀 한 방울 흘리지 않은 채 행운이 오기를 기다린다면 그것은 공염불에 불과할 뿐입니다."

금융시장을 꿰뚫어본 탁월한 통찰력과 폭넓은 시야로 세계 최고의 펀드매니저로 불리었던 존 템플턴이 규정한 행운에 대한 정의다. 존 템플턴이 던진 〈자신의 행운을 만들어가라〉는 메시지의 첫 문단에 등장하는 이 문구는 작은 성공이든 큰 성공이든 일과 삶에 대한 뚜렷한 목적과 각오가 있지 않고는 찾아오지 않는다는 것을 시사한다.

많은 이들이 '행운'과 '성공'이라는 단어를 별개의 것으로 받아들인다. 성공은 스스로 부단히 노력해 얻어지는 것으로 생각하는 반면, 행운은 어느 날 갑자기 자신에게 찾아온 복권 같은 것으로 여긴다. 템플턴은 행운에 대해 사람들이 요행처럼 생각하는 것을 단호하게 '잘못된 판단'이라고 말한다. 행운은 열심히 일하는 과정과 그 결과 속에서 파생되는 것이지, 한순간에 다가오는 것이 아니라는 것이다.

템플턴은 성공을 통해 행운을 잡은 행복한 삶을 사는 위인들이 제시한 어록들을 통해서도 행운에 대하여 정의한다.

"행운이란 이런 사람에게 찾아온다. 항상 기회를 준비하는 사람, 쉬지 않고 꾸준히 노력하는 사람, 자신의 편안함이나 자만심을 버린 사람, 가까이 있는 것을 사랑하면서도 멀리 내다볼 줄 아는 사람, 고난이 닥쳐도 기꺼이 즐거운 마음으로 자신 있게 극복하는 사람들에게 말이다."

프랑스의 문학평론가 빅토르 쉐부리즈

"나는 행운을 절대적으로 믿는 사람이다. 열심히 일할수록 더 많은 행운이 나를 찾아오는 것 같다."

철학자, 콜만 콕스

"이 세상에 이런 남자가 있었다네, 길을 잃더라도 절대 버려지지 않는 남자 말이네. 이 남자는 번잡한 도시의 시장통을 지나가건 한가로이 풀을 말리는 농촌을 지나가건 언제나 환영을 받았다네. 이 남자는 사막 한가운데에서건 울창한 숲을 가로지를 때건 즐거운 낯으로 인사를 받는다네. 어디를 가나 이 남자는 환영을 받았다네. 그는 다름 아닌 진실을 전해주는 전령이었다네."

미국의 시인, 월트 휘트먼의 시구 중에서

"행운이란 스스로 선택해 견뎌낸 고난과 고통이며, 기꺼이 고된 땀방울을 흘리며 보냈던 긴 나날들이다. 행운이란 절대 그냥 지나쳐서는 안 될 약속이며, 결코 놓쳐서는 안 될 기차와 같다."

작가, 막스 오웰

"행운은 준비하고 있는 사람을 더 좋아한다."

프랑스 화학자, 루이 파스퇴르

로또복권 열기가 식을 줄 모르고 있다. 우리는 어떤 경우 매우 운이 좋아서 한순간에 일확천금을 거머쥘 수 있을 것이다. 하지만 진정한 행운이란 그것을 충분히 감당할 수 있는 자에게 의미 있게 다가선다. 로또복권으로 횡재한 졸부들이 그 부를 제대로 지켜내지 못한다는 것에서도 이를 알 수 있다. 행운이란 미 프로야구를 탄생시킨 브랜치 리키의 말처럼, 우리가 어떠한 목표를 세우고 그것에 정진해 나가는 과정에서 찾아오는 하나의 부산물일 뿐이지 목표는 아니다. 그것을 혼동해서는 안 된다.

"기회는 그것을 찾아 나설 때에만 그 모습을 드러낸다. 그저 가만히 앉아서 행운이 저절로 오기를 기다려서는 안 된다."

템플턴은 우리가 성실하고 정직하며 윤리적인 자세로 삶을 살고자 하고, 그러한 방향에서 인생의 목표를 달성해 나가고자 할 때 성공과 행운은 함께 발견되는 것이라고 말한다. 흔히 행운을 움켜쥔 사람을 일컬어 "행운을 타고났다."라고 말하지만, 항상 준비하고 변화를 받아들여 이에 대응하고, 근면에 따라 적절한 계획을 세워 상식에 따라 행동하는 것이 무엇보다 중요한 행운의 원동력이라는 것이다.

2차 세계대전 당시 템플턴은 스물여섯 살이었다. 템플턴은 자신의 경제적 분석을 통해 히틀러가 폴란드를 침공했을 때, 주당 1달러 미만에 거래되는 주식들을 각 종목당 100달러어치씩 매수했다.

상식적으로 전쟁 통에 주식을 사들이는 일은 매우 무모한 일이었지만 템플턴은 1만 달러를 빌려 투자에 나선 것이다. 그런데 템플턴이 매수한 주식 104개 종목 가운데는 단 4개만 파산했고 나머지는 모두 이익을 가져다주었다. 1달러 미만에 거래되는 주식들의 지난 2년간의 기업 실적을 자세히 검토한 것이 적중했다.

템플턴은 이 가운데 많은 종목에서 큰 이익을 남겼다. 예컨대 한 종목은 1920년대 주식시장이 활황일 때 상장돼 주가가 100달러까지 치솟았지만, 공황이 닥치자 주당 12센트까지 가격이 내려갔다. 템플턴은 이 회사 주식을 100달러에 800주나 매수했는데, 미국이 전쟁에 참전하고 철도수요가 넘쳐나면서 투자 원금의 40배를 벌어들였다.

템플턴은 '충분히 준비를 하기 전에는 어떤 사업에도 투자해서는 안 된다.' 라는 신념을 지니고 있는데, 이러한 투자원칙에 따라 공황 속에서도 큰 이익을 남길 수 있었다. 하지만 이러한 치밀한 준비와 계산 뒤에 큰 투자이익이 뒤따랐다는 것을 모르는 사람들은 그저 "행운을 잡았다."고 말하였다고 한다.

템플턴은 자신이 직접 체험하고 실행에 옮긴 성공의 원칙에 근거해, 행운이라는 것은 스스로 구하고 찾은 것에 대해 최대한 능력을 발휘할 때 얻게 되는 것이라는 사실을 우리에게 일깨워준다. 그리고 그러한 행운은 주어진 상황에서 스스로 얼마나 공을 들이고 최선을 다하느냐에 따라 주어질 수도, 그렇지 않을 수도 있는 선택적이라고 말한다.

"행운이란 당신이 스스로 만들 수 있는 선택권이다. 항상 준비하
고, 자신이 할 일을 분명히 밝히고, 가치 있는 목표를 지향하라.
그러면 당신은 이 세상에서 최고의 행운아가 될 것이다."

진정 행운을 원한다면, 단지 행운을 외치지만 말고, 그것을 믿고
창조적으로 부단히 노력하라는 충고이다. '자신의 행운을 만들어
가라.' 템플턴의 이 말 속에는 '성공을 준비하는 자세를 가지고' 라
는 전술된 문장이 숨어 있는 셈이다.

인체가 헌신적으로 봉사할 때

우리의 몸이 하루를 유지하려고

얼마나 부단히 움직이는지 아십니까?

인간의 심장은 하루에 18만 번을 뛰고,

무려 15억 톤에 달하는 8천6백 리터의 피를 실어 나른다고 합니다.

하루에 필요한 공기의 양도 무려 1만 2천 리터나 되고,

속눈썹이 하루 동안 깜박이는 횟수도 1만 1천5백 번이나 된답니다.

또 우리 몸은 자는 동안에도 평균 30번 정도를 움직이고,

하루 중 분출하는 타액만도 1리터에 달한다고 합니다.

우리가 잠시 쉬는 동안에도,

우리의 몸은 생명을 유지하려고

이렇게 끊임없이 봉사하고, 일을 합니다.

그 헌신적인 봉사에 보답할 만큼,

여러분은 주어진 매순간을 아름답고 가치 있게 만드시는지요?

나이 40이 넘어서면 인체의 신경세포는 총 14억 개 중에서
하루 평균 2만 개씩 사라진다고 합니다.

우리 몸이 아직 건강한 페달을 밟고 있을 때,
꿈과 목표를 이루시기를 바랍니다.